メジャー・スケールから始める

やさしい

ジャズ・アドリブの弾き方

Jazz Ad-libs

杉山貴彦 編著

JN096545

メジャー・スケールから始める やさしいジャズ・アドリブの弾き方

演奏動画について

本書では、以下の譜例の演奏（ピアノ）をYouTubeで視聴することができます。

スマートフォン··············· 上記のページのQRコードを読み込むと動画にアクセスします。または、右記のQRからアクセスし、プレイリストから該当の動画を探してください。

パソコン····················· YouTube内の検索窓から「メジャー・スケールから始めるやさしいジャズ・アドリブの弾き方」で検索していただくか、自由現代社のチャンネルから探してみてください。
【https://www.youtube.com/c/自由現代社】

はじめに

　「アドリブで演奏できるようになりたい！」これは楽器を演奏する多くの方が持つ憧れではないでしょうか。かくいう私も、そんな憧れでジャズピアノを始めた１人。即興演奏ができるようになるために何をすればいいのか、はじめは試行錯誤を繰り返しました。

　アドリブの入り方は人それぞれ。練習内容は向き不向き、そして好みもあります。そんな中、本書ではレッスンを通して、実際にスムーズにアドリブ演奏へ進めた方の多かった方法を、系統立てて書かせていただきました。

　第１章では、「２オクターブのスケールを上がり下がりするだけ（！）」という決まった音使いの中で、リズムを自由に弾くためのエクササイズを行います。「スケールを使って自由に弾いてみましょう！」と言われても困ってしまう方が多いと思いますが、使う音は決まっていて、リズムだけ自由。これならできそうな気がしませんか？

　第２章からは、その「自由なリズムで弾くスケール」の中に、スケール（発展）、コード、クロマチックといった要素を加えていき、よりジャズらしいアドリブに近づけていきます。

　エクササイズの多くはアドリブにおける基礎文法が身につくように、そしてそれらをゲーム感覚で習得できるように、型をこちらが指定しています。ですので、答えが一つになるものや、似たような答えになるものが多いと思います。初めは窮屈に感じるかもしれませんが、繰り返していく中でパターンや音使いの理解が深まり、その先に広がる可能性が見えてくることでしょう。

　本書を手に取ってくださった方には、まず何よりも先に「アドリブって楽しい！」という体験をしていただきたいと思っています（楽しいと感じていただけた瞬間は最高の喜びの一つです）。体や指がスムーズについてくるようになるには、日数も必要です。一眠りしたらできるようになっていた、なんてこともよく起こりますので、難しいと感じたところはほどほどに、焦らず楽しんで取り組んでいきましょう！

　いつか「この本を読んでアドリブができるようになりました！」という方に出会うことができたならば、著者としてこれほどの喜びはありません。本書をきっかけにジャズ・アドリブ演奏を楽しんでくださる方が１人でも多く生まれることを心から願っています！

杉山貴彦

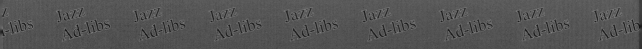

第1章
スケール＋リズムで
アドリブの基本を PLAY!

SECTION 1-1

基本のスケールを練習

♪ スケールの上り下り

　さっそくアドリブの練習を始めましょう。ここでは、キー B♭ でアドリブの練習をします。そこで、まずは基本となる B♭ メジャー・スケールを練習しましょう。

　ジャズは「**スウィング**」というリズムが基本になります。譜面では【Ex-2】のように8分音符で表記されますが、実際の演奏は【Ex-3】のようになります。

Ex-1　B♭ メジャー・スケール

Ex-2　B♭ メジャー・スケール

Ex-3　B♭ メジャー・スケール（Ex-2 の実際の演奏）

　実際のスウィングはもっと複雑なものですが、始めはこのように理解して練習してください。

♪ コード進行上でスケールの上り下り

　基本のスケールが弾けるようになったら、簡単なコード進行の中で弾く練習をしましょう。第1章では、「**2516（ニーゴーイチロク）**」というジャズでは代表的なコード進行の上で練習します。キーが B♭ のときの "2516" は、Cm7・F7・B♭M7・Gm7 というコード進行になります。また、251 のコード進行のことを「**ツー・ファイブ・ワン**」ともいいます。

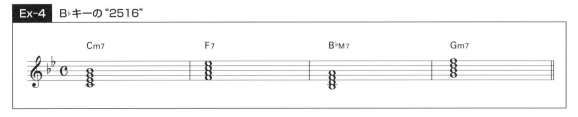

Ex-4　B♭ キーの "2516"

　【Ex-5】のような形でコード進行を演奏したカラオケや、アプリを鳴らしながら練習してみましょう。鍵盤楽器で練習する方は、このコード進行を左手で弾きながらスケール練習をしましょう。その場合、左手と右手がぶつかってしまうので、右手は「**1オクターブ上**」にして弾くようにしてください（これ以降の譜面も同様に、場合によってオクターブ上げて調整してください）。

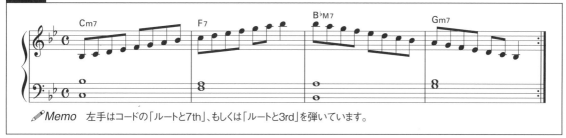

Ex-5　コード進行の上でB♭メジャー・スケールの上り下り

✎*Memo*　左手はコードの「ルートと7th」、もしくは「ルートと3rd」を弾いています。

次は決まったリズムの上で弾けるように練習しましょう。まずは8分音符上での練習です。

右手のスケールを【Ex-6】のリズムに乗せて弾きます。B♭メジャー・スケールを2オクターブ、途切れることなく弾き続けてみてください。譜面に書くとこのような形になります【Ex-7】。

Ex-6　8分音符のリズム

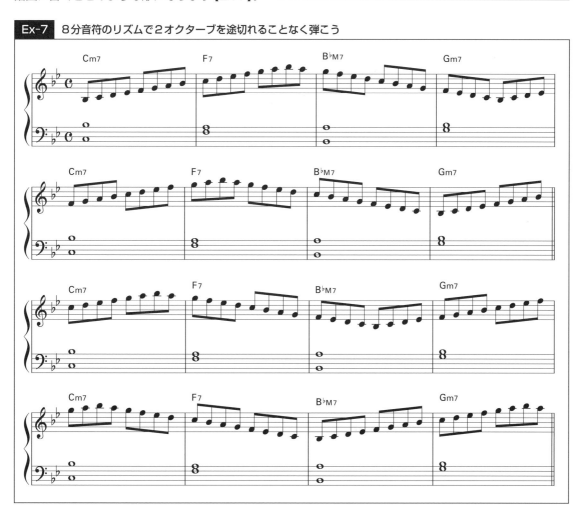

Ex-7　8分音符のリズムで2オクターブを途切れることなく弾こう

【Ex-7】を見ればわかるように、毎回スケールと小節がずれていくことになりますので、しっかり「**小節の頭（コードの切り替わるところ）**」を意識して弾くようにしてください。【Ex-5】のようにきっちり合うように弾きたくなると思いますが、体に違和感なく弾けるようになるまで続けてください。

SECTION 1-2
ベーシックなリズムの上で
スケールを弾く練習

♪ リズム・パターンにのせてスケールを弾こう

　次に、同じB♭のスケールを色々なリズム・パターンの上で弾けるように練習しましょう。スケール上を動くアドリブの練習では、譜面に書かれたものをそのまま弾くのではなく、「**決まったルール、プログラム**」で弾けるようになることが大切です。これからのエクササイズを通して、この考え方に慣れていきましょう。

　まずは1小節を繰り返すベーシックなリズム・パターンです。P.7の【Ex-6】を弾いたときと同様に、【パターン1～パターン20】までのリズム・パターンの上で、B♭メジャー・スケールを弾けるように練習しましょう（【パターン9～パターン20】は、P.10～掲載しています）。

Ex-1　ベーシックなリズム・パターン1

実際に【パターン1】を練習すると、譜面ではこのようになります。

Ex-2　B♭メジャー・スケールを【パターン1】のリズムで

【パターン2〜8】の最初の2小節をB♭メジャー・スケールに当てはめましたので、続きも同じように練習してみてください。

Ex-3 【パターン2〜8】をB♭メジャー・スケールに当てはめた例

◆パターン2

◆パターン3

◆パターン4

◆パターン5

◆パターン6

◆パターン7

◆パターン8

スケールを弾く前の予備練習として、「1音だけ、もしくは2音だけで弾く」という方法もオススメです。このキーのトニック（主音）※1であるB♭の音を使ってリズム・パターンを練習しましょう。【パターン5】のリズムで実際に弾くと、以下のようになります。

Ex-4 【パターン5】をB♭のみで当てはめた例

※1　使用されるスケール（音階）のはじめの音。キーを決定づける音でもある。

また、バリエーションとして【パターン3～8】は休符で音を切らず、伸ばした弾き方も練習しましょう。

Ex-5　【パターン3～8】の休符部分の音を伸ばす

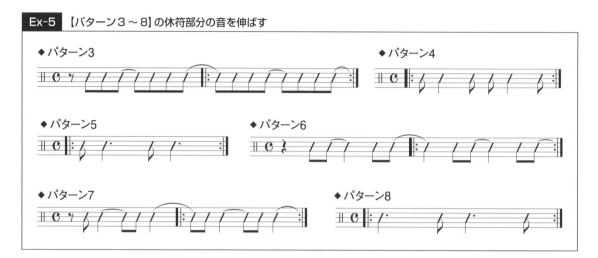

休符の部分を伸ばした【Ex-5／パターン3】を実際にスケールに当てはめると【Ex-6】のようになります。

Ex-6　【Ex-5】の【パターン3】をB♭メジャー・スケールに当てはめた例

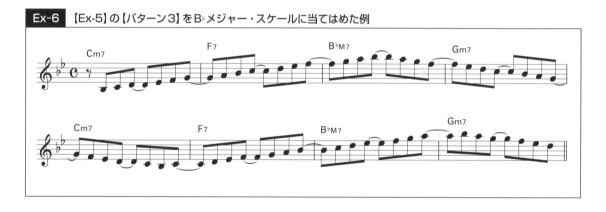

♪ 裏拍を意識したリズムでスケールを弾こう

ジャズのフレーズは、「**アクセントのついた裏拍**」で終わることが多いです。【パターン9】からは、一つのまとまりを一つのフレーズとして、裏拍のアクセントでフレーズが終わったと意識して練習しましょう。

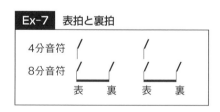

Ex-7　表拍と裏拍

Ex-8　ベーシックなリズム・パターン2

特に【パターン12】では小節線をまたぐことになりますが、しっかりフレーズをつなげるように意識して弾いてください。

Ex-9 【パターン12】をB♭メジャー・スケールに当てはめた例

ジャズのフレーズは「裏拍から入る」ことも多いです。【Ex-8】と同様に裏拍にアクセントをつけ、一つのまとまりを意識しながら以下のリズム・パターンも練習しましょう。

Ex-10 ベーシックなリズム・パターン3

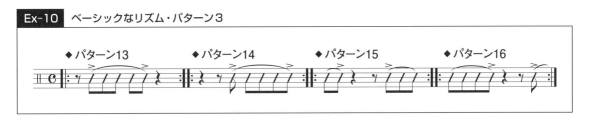

【パターン15】をB♭メジャー・スケールに当てはめると、次のようになります【Ex-11】。

Ex-11 【パターン15】をB♭メジャー・スケールに当てはめた例

フレーズの入り、終わりに限らず、アップ・ビート（裏拍）はジャズにおいて大切な要素です。裏拍の多いリズム・パターンも練習しましょう。

Ex-12 ベーシックなリズム・パターン4

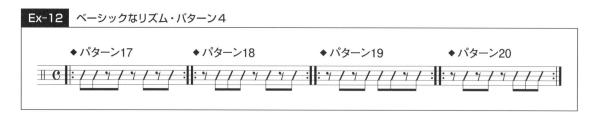

◆パターン17　　◆パターン18　　◆パターン19　　◆パターン20

　裏拍を弾くときほど、体ではしっかり「**表拍を感じて**」弾くようにしてください。表拍で「**足踏み**」しながら弾くことで、安定したタイムがキープできるようになります。【Ex-13】のように、足で4分音符を刻みながら練習しましょう。

Ex-13 【パターン17】をB♭メジャー・スケールに当てはめた例

4分音符を足で刻みましょう。

SECTION 1-3

より複雑なリズムの練習

ここまでは1小節単位のリズム・パターンで練習してきましたが、ここからは2小節のリズム・パターンの繰り返しの中で、より複雑なリズムを練習しましょう。このセクションは、**体に染み込むくらい繰り返さないとスムーズに弾けないリズム**も多いので、最初から全て弾ける必要はありません。続けることで、少しずつ体がなじんでいきます。

♪ 表拍と裏拍のシフトをかねたエクササイズ

表拍と裏拍をシフトすること、バランスよくミックスすることで、ジャズらしい動きのあるリズムを生み出すことができます。次のリズム・パターンではその基礎を頭の中に作るため、表拍と裏拍を意識しながら練習しましょう。

Ex-1 表拍と裏拍の移動を含むリズム

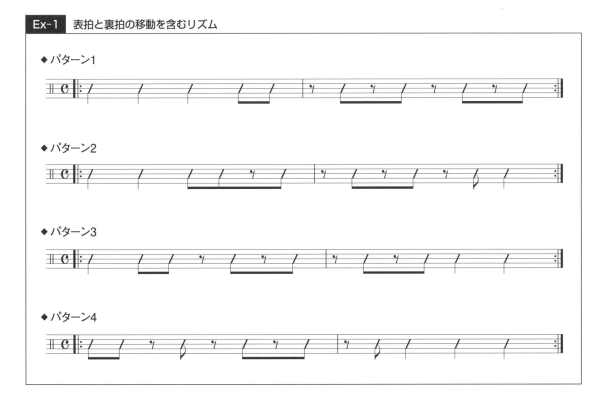

次のページの【Ex-2】では、【パターン1】を例に、譜例を載せています。【パターン1】から順に練習してみてください。

Ex-2　【パターン１】をB♭メジャー・スケールに当てはめた例

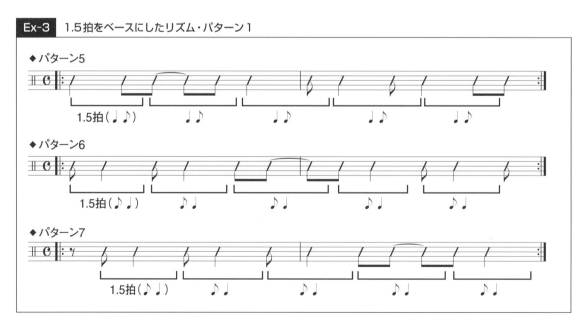

♪ 1.5拍、3拍をベースとしたリズム

　表拍と裏拍を上手く切り替えられましたか？次は **1.5拍、3拍をベースとしたリズム**練習をしましょう。以下のリズム・パターンのように、4拍子の上で別の拍のまとまりを入れることにより、「**4拍子に拘束されないジャズらしいリズムの取り方**」ができるようになります。頭ではしっかり小節線（1拍目の位置）を感じているけど、それを感じさせない弾き方、これが一つのポイントです。

Ex-3　1.5拍をベースにしたリズム・パターン１

◆ パターン5

1.5拍（♩♪）　　♩♪　　　♩♪　　　♩♪　　　♩♪

◆ パターン6

1.5拍（♪♩）　　♪♩　　　♪♩　　　♪♩　　　♪♩

◆ パターン7

1.5拍（♪♩）　　♪♩　　　♪♩　　　♪♩　　　♪♩

Ex-4 【Ex-3】の【パターン5】をB♭メジャー・スケールに当てはめた例

Ex-5 1.5拍をベースにしたリズム・パターン2

◆ パターン8

1.5拍

◆ パターン9

◆ パターン10

Ex-6 【Ex-5】の【パターン8】をB♭メジャー・スケールに当てはめた例

第1章 スケール＋リズムでアドリブの基本をPLAY!

Ex-7　3拍をベースにしたリズム・パターン

◆ パターン11

◆ パターン12

◆ パターン13

Ex-8　【Ex-7】の【パターン11】をB♭メジャー・スケールに当てはめた例

　P.8【Ex-1】で練習した１小節のリズム・パターンを自分なりに組み合わせて、２小節のパターンを作りましょう。１小節の繰り返しよりも２小節の繰り返しの方が、より音楽的に面白く聞こえるのではないでしょうか。ここでは、例として【パターン3】と【パターン5】を組み合わせてみます。

Ex-9　二つのパターンを組み合わせた例

◆ パターン3 ＋ パターン5

パターン3　　　　　　　　　　　パターン5

◆ 上記のパターンにB♭メジャー・スケールを当てはめた例

　他にもたくさんのパターンを作ることができます。自分なりに組み合わせて、新たなリズム・パターンを作り出してください。

SECTION 1-4

スケールにリズムを付けて
自由に弾いてみよう

♪ スケールの上下は変えずに、リズムを変える

　今まではエクササイズとして決められた通りに弾いてきましたが、少しずつ自分なりの判断を加えていきましょう。まずはリズムのみを自由に、自分なりに変化を加えてB♭メジャー・スケールを弾きます。

　この時点では、まだアドリブだと思う必要はありません。スケール・エクササイズの延長として弾くようにしてください。

Ex-1 B♭メジャー・スケールの上り下りで、リズムを変える（一例）

　今までの練習と同様に、1音のみでリズムに集中する練習は効果的です。小太鼓を叩くイメージで、リズムが単調になりすぎないよう、変化を加えながらリズムを楽しみましょう。

Ex-2 1音のみで、リズムを変える（一例）

Jazz
Ad-libs
Jazz
Ad-libs
Jazz
Ad-libs
Jazz
Ad-libs
Jazz
Ad-libs
Jazz
Ad-libs
Jazz
Ad-libs
Jazz
Ad-libs

　「最初からリズムを自由にするのは難しい」「ただめちゃくちゃに弾いてるだけ」と感じる場合は、「**決ま
ったリズム・パターン**」と「**自由なリズム**」を組み合わせる練習も効果的です。

　例えば最初の2小節は【パターン5】（P.14）のリズム、後半の2小節は自分なりに自由なリズム、とい
った組み合わせにすると以下のような譜面になります。

Ex-3　「決まったリズム・パターン」と「自由なリズム」の組み合わせ

　【Ex-3】を実際に弾いてみると、このようになります（一例）。

Ex-4　「決まったリズム・パターン」と「自由なリズム」の組み合わせで、B♭メジャー・スケールを弾く（一例）

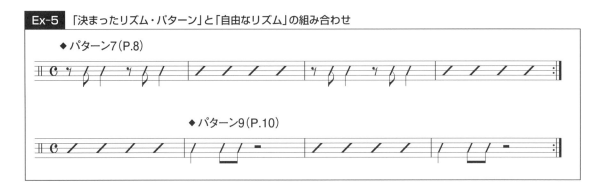

　他にも、【Ex-5】のように自分なりに組み合わせを決めることでエクササイズになります。ぜひ実践して
みてください。

Ex-5　「決まったリズム・パターン」と「自由なリズム」の組み合わせ

◆ パターン7（P.8）

◆ パターン9（P.10）

SECTION 1-5
エクササイズから
フレーズらしくするために

♪「スケール→休み」のサイクルで弾こう

　機械的な音の並びではなく、一つ一つをフレーズのように聞かせるためには「**休符を入れること**」がポイントの一つです。そこで、この章のまとめとして以下のサイクルで弾いてみましょう。

　　自由なリズムでスケールを上下 → 休符 → 再び好きな音からスケールを上下 → 休符 　→ 　繰り返し

Ex-1　　休符を入れてみよう

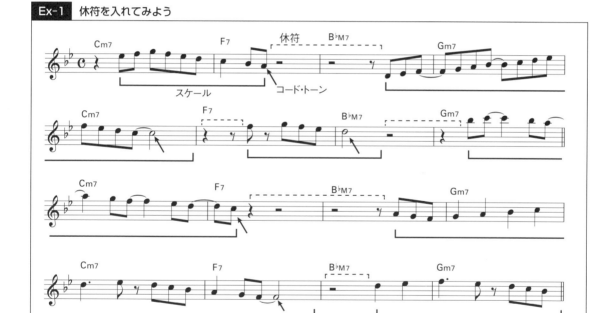

☀フレーズの最初と最後の音を意識してみよう

　ここまで、コード・トーンにはあまり触れてきませんでした。ですが、【Ex-1】の譜例では次の二つを意識しています。

・フレーズの最初の音・最後の音は、裏拍を多くする。
・フレーズの最後の音をコード・トーン（Ex-1 参照）で終わりにする。

みなさんも少しずつ実践してみてください。

SECTION 1-6
ジャズ・スタンダードで アドリブの練習をしよう！

　第1章のまとめとして、「枯葉」のコード進行の中でB♭メジャー・スケールを自由に弾いてみましょう。
この曲は元々シャンソンの曲ですが、ジャズ・スタンダードとしても有名な曲です。
　アドリブ例【Ex-2】では、ここまで学習したリズムを中心にシンプルに書いてありますが、自分で弾くと
きは学習したリズムに縛られず自由に好きなように弾いてください。自分なりにリズムの変化をつけ、少
しでもアドリブを楽しんでいる気分になれれば大丈夫です。

Ex-1　枯葉（Autumn Leaves）／ Music：Joseph Kosma

Ex-2 「枯葉」のコード進行でのアドリブ例①（P.19までに学習した内容で）

B♭メジャー・スケール　➡

第1章　スケール＋リズムでアドリブの基本をPLAY！

Ex-3 「枯葉」のコード進行でのアドリブ例②（より自由なリズムでの演奏例）

動画

第2章

様々なスケールの動きでアドリブを彩る

SECTION 2-1
スケールでのアドリブを
より発展させるアイデア

第1章のスケールを使ったアドリブをベースに、様々なアイデアで色付けをしていきます。少しずつ意識的に取り入れられるよう練習していきましょう。

♪ 装飾音を入れる（3連符・16分音符を使う）

第1章では触れなかった、「3連符・16分音符」を取り入れましょう。ここでは装飾音の形でこれらのリズムを取り入れてみます。より細かいリズムが入ることで、フレーズに動きが生まれます。

Ex-1 スケール下降時の装飾音

Ex-2 スケール上昇時の装飾音

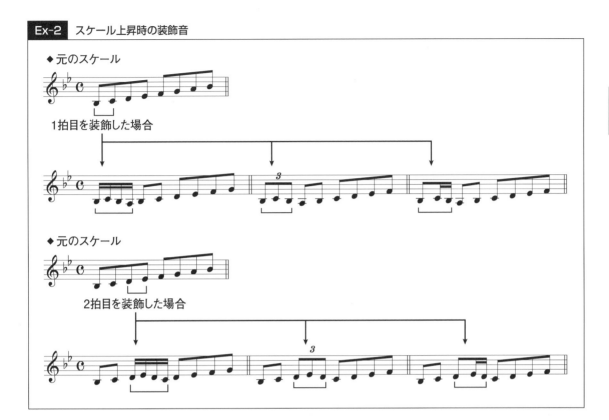

第2章　様々なスケールの動きでアドリブを彩る

　装飾音には様々な形やリズムがありますが、まずはここで紹介したものをスムーズに弾けるように練習してください。

　この章では**1625**（**イチロクニーゴー**）というコード進行の上で練習します。第1章ではコードの並びが違う"2516"でしたね。キーがB♭のときの"1625"は、B♭M7・Gm7・Cm7・F7というコード進行になります。

Ex-3 B♭キーの"1625"

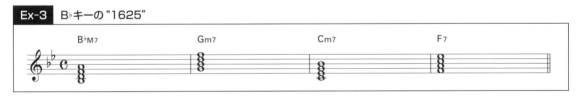

このコード進行で、スケールを使ったアドリブの中に装飾音を入れる練習をしましょう。

Ex-4 スケールに装飾音を取り入れたアドリブ例

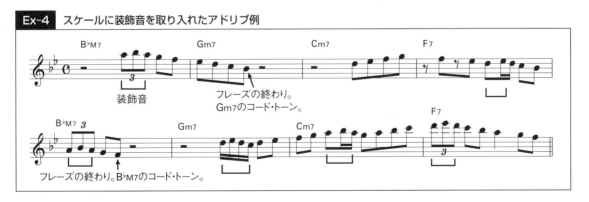

　1章の終わりでも触れたように、現段階ではコード・トーンはあまり意識していませんが、「**フレーズの終わりの音をコード・トーン**」にしてあげることで、しっかりフレーズを区切ることができます。

♪ 同じ音の繰り返し

　スケールのアドリブでは、せわしなく次の音、次の音と動いてしまいがちですが、「**同じ音**」を繰り替えすことで、落ち着いた音使いをすることができるようになります。

Ex-5 同じ音を繰り返す場合の例

Ex-6 スケールのソロで、同じ音の反復を使った例

♪ ２音・３音の繰り返し

　次に２音・３音を一つのまとまりと考えて、これを反復してみましょう。同じ音を繰り返すときと同様に、音の変化がゆったりし、分かりやすいキャッチーなサウンドになる効果があります。

Ex-7 ２・３音を繰り返す例

Ex-8 スケールのソロで、２・３音の繰り返しを使った例

♪ 転回を加える

　転回とは、「ある音程の上下関係を逆さにすること」です。【Ex-9】の元のフレーズを見てください。はじめの2音（FとE♭）は2度の音程になっていますが、E♭の音を**転回**（**1オクターブ上げる**）すると、FとE♭の音程は7度になります。これにより、音は普通の「ファ・ミ♭・レ・ド・シ♭」のままですが、7度の跳躍を含んだ広がりのあるフレーズとなります。

Ex-9　スケールに転回を加える　例1

Ex-10　スケールに転回を加える　例2

♪ 3度の動きを取り入れる

　今までは常にスケール上の隣の音（2度）を弾いていましたが、ここでは「**3度の動き**」を取り入れます。2度はスケール上の隣の音、3度はスケール上で一つスキップした音になります（2度＝ステップ、3度＝スキップ）。

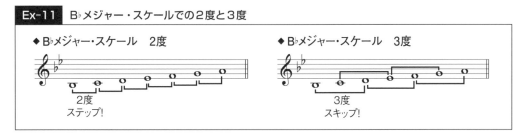

Ex-11　B♭メジャー・スケールでの2度と3度

まずは基本になる3度の移動を練習しましょう。

Ex-12　スケール上を3度で上がる、下がる練習

☀ リズム・パターンの上で３度の動きを弾く練習

３度の動きを維持したままリズムの変化を加えるには、再び練習が必要になります。１章で紹介したリズム・パターンを使って、今までと同様、スムーズに弾けるように練習しましょう。例えばP.8の**【パターン１】**のリズムを使って、**【Ex-12】**の動きを練習するとこのようになります。

Ex-13　B♭メジャー・スケールに３度の動きとリズム【パターン１】を加えた例

◆ パターン1（P.8より）

また、最終的には第１章の最後で行ったように、自由なリズムでも弾けるように練習してください。

☀ スケールでのアドリブの中に、３度を取り入れる

スケールを使ったアドリブの中で、３度を取り入れる練習をしましょう。まずはテンポにのらず、**【Ex-14】**のように３度→２度→３度→２度…と、「**二つの度数（ディグリー）を自由に行き来しながらつなげて弾く練習**」をすると効果的です。

Ex-14　３度と２度を混ぜる練習

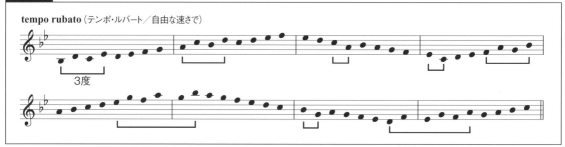

tempo rubato（テンポ・ルバート／自由な速さで）

十分慣れたら、アドリブの中に取り入れて弾いてみましょう。

Ex-15　３度を取り入れたアドリブの例

SECTION 2-2

ダイアトニック的なアイデア

いくつかの音を組み合わせ、スケール上を「同じ形」でシフトしていくことで、新たな「ダイアトニック的なパターン（**スケール上を決まったグループで動く**）」を作ることができます。ここでは、一般的に使いやすい2度と3度を使ったパターンを練習します。

♪ 2度＋2度の組み合わせ

2度と2度の組み合わせでできる【Ex-1】の3つの音を一つのグループと考え、そのグループをスケール上で移動させます。ここまでのイメージは【Ex-2】のようになります。鍵盤で順番に押さえてみることで、よりイメージが掴めると思います。

Ex-1 2度＋2度

Ex-2 2度＋2度のグループ

このイメージを維持したまま、グループ内の音をバラして弾くことで、新たなフレーズを作ることができます。バラし方のパターンは様々ですが、まずは譜例のように弾いてみてください。

Ex-3 【Ex-1】の組み合わせをリズム・パターンの上で弾いた場合の例

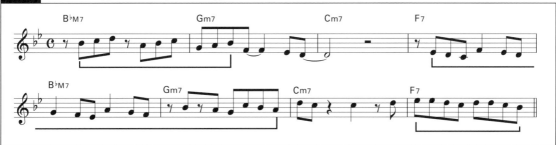

Ex-4 スケールを使ったソロに取り入れた例

♪ ２度＋３度の組み合わせ

Ex-5 ２度＋３度

Ex-6 リズム・パターンの上で弾いた場合の例

Ex-7 スケールを使ったソロに取り入れた例

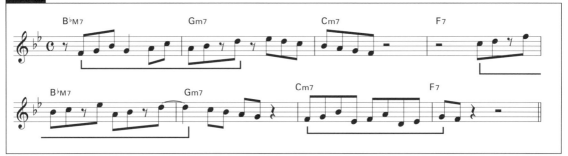

♪ ３度＋２度の組み合わせ

Ex-8 ３度＋２度

Ex-9 リズム・パターンの上で弾いた場合の例

Ex-10　スケールを使ったソロに取り入れた例

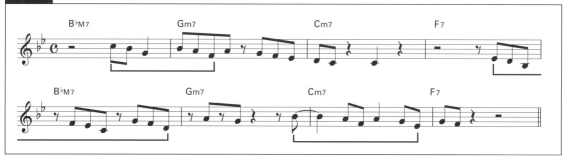

♪ 3度＋3度の組み合わせ

Ex-11　3度＋3度

Ex-12　リズム・パターンの上で弾いた場合の例

Ex-13　スケールを使ったソロに取り入れた例

SECTION 2-3

フレーズと休みのバランス

♪ 弾く場所と休む場所を決めておく

フレーズを休むことなく弾き続けてしまうと、演奏することに夢中になってしまい、自分の音や周りの音を感じながら弾くことが難しくなってしまいます。また、聴いている人も疲れてしまうかもしれません。そこで、以下のようなフレーズと休みのバランスを取るための練習をしましょう。

4小節単位の繰り返しで、**アドリブを弾く小節と休む小節を先に決めておきます**。これらの譜面に則ってスケールでアドリブを弾いてみてください（フレーズの長さ、休みの長さは厳密に守る必要はなく、はみ出してしまって構いません）。

Ex-1 「ソロ2小節＋休み2小節」の組み合わせ

実際のアドリブ例【Ex-2】を見てみましょう。

Ex-2 【Ex-1（練習2）】の組み合わせを使ったスケール・アドリブの例

次は、「ソロ3小節＋休み1小節」で練習してみましょう。

Ex-3 「ソロ3小節＋休み1小節」の組み合わせ

第2章　様々なスケールの動きでアドリブを彩る

Ex-4 【Ex-3（練習3）】の組み合わせを使ったスケール・アドリブの例

2拍目の裏で早めにフレーズを切る

1拍目の裏で早めにフレーズを切る

　アドリブ例では色々な拍でフレーズを終えますが、慣れるまではフレーズを切れずにダラダラと弾きがちです。5・13小節目のように1拍目や2拍目の裏拍でフレーズを切って、休めるようにしましょう。

Ex-5 【Ex-3（練習4）】の組み合わせを使ったスケール・アドリブの例

　いかがでしたか？フレーズを弾くのに焦ってしまう場合は、最初に「ここは休む」と決めておくと安心できるかと思います。弾くことや休むことに余裕が出てきたら、演奏する中で休む場所を変えてみても良いでしょう。

SECTION 2-4
自由にスケールで アドリブしてみよう！

♪ これまでのアイデアを活かそう！

2章までの以下の内容を活かして、B♭キーの "1625" で自由にアドリブを弾いてみましょう【Ex-1】。

- リズム・パターンの工夫。
- 裏拍を意識する。
- フレーズの最後の音はコード・トーンに。
- 装飾音を入れてみる。
- 同じ音や、2音・3音の繰り返し。
- 転回させて上下関係を逆さに。
- 3度の動きを取り入れる。
- ダイアトニック的なパターンを繰り返す。
- フレーズと休みのバランス。

Ex-1 B♭の "1625" で自由にアドリブしてみよう

P.36の譜例では様々なアイデアを盛り込んでいますので、ぜひ参考にして自分の演奏に活かしてください。慣れてくれば、これらのアイデアを意識的に使えるようになってきますが、初めのうちはあまり深く考えず、ご自身のイメージするジャズらしさで楽しく演奏してください。

Ex-2 これまでのアイデアを盛り込んだスケールでのアドリブ例

SECTION 2-5
ジャズ・スタンダードで
アドリブの練習をしよう！

　第2章のまとめとして、B♭メジャー・スケールに様々なアイデアを取り入れてアドリブをとりましょう。
ここで題材にする曲は「Mack the Knife」です。

　スケールにリズムをつけて弾いていただけの第1章に比べると、音使いやリズムにも変化が増えたのを
実感していただけると思います。

Ex-1 Mack the Knife ／ Music：Kurt Weill

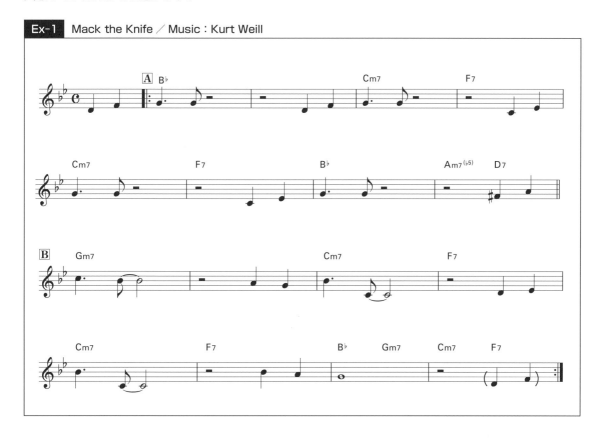

Ex-2 「Mack the Knife」のコード進行でのアドリブ例

動画

第3章

コードを意識しながら
アドリブしよう

SECTION 3-1
必要最低限な音楽理論を覚えよう

第3章からは今までのスケールでのアドリブの中に、コードの要素を取り入れていきます。練習に入る前に、ここから必要になる最低限の音楽理論を学習しておきましょう。

本章からはキーFで実践していきますので、まずはその基本となるFメジャー・スケールを練習しましょう。

| Ex-1 | Fメジャー・スケール |

♪ ダイアトニック・コードとコード・スケール

メジャー・スケール上のそれぞれの音に対して3度で音を積み重ねると、次のように「**7つのコード**」ができます。このようにしてできる7つのコードをまとめて「**ダイアトニック・コード**」と言い、一般的なコード進行はこれらダイアトニック・コードを中心に構成されます。

| Ex-2 | Fメジャー・スケール上にできたダイアトニック・コード |

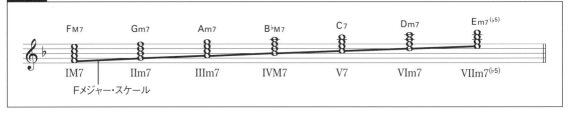

2章で使った"1625"のコード進行もこのダイアトニック・コードのIM7（1）・VIm7（6）・IIm7（2）・V7（5）のことで、ツー・ファイブ・ワンはIIm7（2）・V7（5）・IM7（1）になります。

2章までは「キーがB♭なのでB♭メジャー・スケールを使ってアドリブ」、「キーがFなのでFメジャー・スケールを使ってアドリブ」という理論で弾いていましたが、今後は「**それぞれのコードごとにマッチしたスケール**」を設定してアドリブを弾くようにしていきましょう。このコードごとに設定したスケールのことを「**コード・スケール（アベイラブル・ノート・スケール）**」といいます。

ジャズで演奏されるスタンダードのコード進行にはダイアトニック・コードだけでなく、「それ以外のコード（**ノン・ダイアトニック・コード**）」がたくさん入ってきますので、それぞれのコード・トーン、そしてそのコード・スケールを見つけることがとても大切です。

☀コード・スケールの見つけ方

ここでは、最もシンプルなコード・スケールの見つけ方をご紹介します。

1. コード・トーンで埋める（コード・トーンは必ずスケールに入ります）。
2. コード・トーンの間を、そのキーの音で埋める（そのキーの音が自然に聞こえているはずなので）。

例えばキーFの中に出てくるGm7の場合、このようになります。

Ex-3 Gm7のコード・スケール

【Ex-2】に示した7つのダイアトニック・コードに関しては、そもそもがFメジャー・スケールを基にできているものですから、当然、「**全て構成音が同じスケール**」になります。しかし、「**コードに合わせてスケールは並び替えられています**」ので、一覧で確認してください。

Ex-4 Fメジャー・スケール上のダイアトニック・コードとコード・スケール

第3章 コードを意識しながらアドリブしよう

♪ ドミナント・モーション（ドミナント進行）

　次は重要なコード進行を解説します。以下の条件を満たしているものを「**ドミナント・モーション（ドミナント進行）**」といいます。

（条件１）　コードがドミナント7thコード（C7・G7等、7thが付いているコード）であること。
（条件２）　そのコード（ルート）が完全5度下へ向かっていること。

　キーFで考えると、C7というコード（条件１）がFM7に進行（条件２）する場合がドミナント・モーションになります。C7の不安定な響きからFM7へ解決するというのがこの進行の特徴です。このI（FM7）に解決するV7（C7）を特に「**プライマリー・ドミナント**」と呼びます。

Ex-5　ドミナント・モーション

```
　　　　　　　　完全5度下、ドミナント・モーション

  FM7      Gm7      Am7      B♭M7      C7      Dm7      Em7(♭5)

  IM7      IIm7     IIIm7    IVM7      V7      VIm7     VIIm7(♭5)
                                       ドミナント7thコード

V7からIM7に解決する場合は、特にプライマリー・ドミナントと呼びます。
```

♪ セカンダリー・ドミナントとコード・スケール

　ドミナント・モーションは、ダイアトニック・コード内では上記で示したプライマリー・ドミナントしかありませんが、ノン・ダイアトニック・コード使うことで別のドミナント・モーションを作ることができます。
　例えば、キーFのダイアトニック・コードであるB♭M7へ向かうドミナント・モーションを作ってみましょう。ドミナント・モーションの条件１・２をまとめれば、B♭の音に対して「**完全5度上の7thコードを入れればいい**」ということになり、F7・B♭M7とすることでドミナント・モーションになることがわかります。
　このように、IM7・VIIm7(♭5)を除いたダイアトニック・コードにドミナント・モーションするときの7thコードのことを「**セカンダリー・ドミナント**」と呼びます。

　このセカンダリー・ドミナントによって、より表現豊かな、動きのあるコード進行が生まれます。

Ex-6　キーFのダイアトニック・コードとセカンダリー・ドミナント

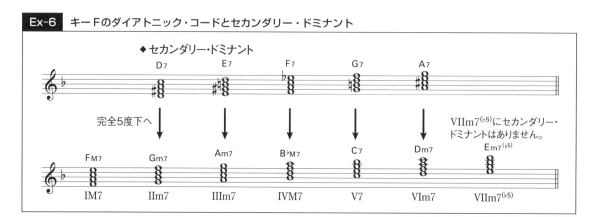

　次に、セカンダリー・ドミナントで使うコード・スケールを見つけましょう。P.41【Ex-3】で示したように、コード・トーンとその間をキーＦの音で埋めると【Ex-7】のようになります。

Ex-7　セカンダリー・ドミナントF7のコード・スケール

　このセカンダリー・ドミナントには、次の二つがあります。

- **メジャー・コードに向かうもの。**
- **マイナー・コードに向かうもの。**

　マイナー・コードに向かうセカンダリー・ドミナントは、強い進行感を出すために「♭9th」を使うのが一般的です。

　例えばGm7のセカンダリー・ドミナントはD7になりますが、この場合マイナー・トライアド（Gm）に向かいますので、D7(♭9)になります。そのため、D7(♭9)で使うコード・スケールを見つけるとこのようになります。

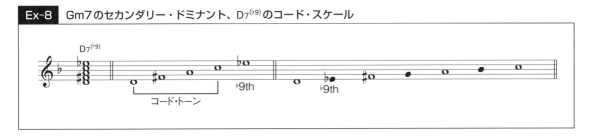

Ex-8　Gm7のセカンダリー・ドミナント、D7(♭9)のコード・スケール

　以下、同じ手順で求めた残りのセカンダリー・ドミナントのコード・スケールです。

Ex-9　キーＦ、残りのセカンダリー・ドミナントのコード・スケール

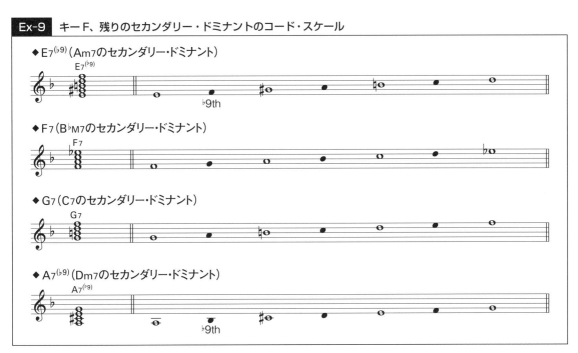

◆ E7(♭9)（Am7のセカンダリー・ドミナント）

◆ F7（B♭M7のセカンダリー・ドミナント）

◆ G7（C7のセカンダリー・ドミナント）

◆ A7(♭9)（Dm7のセカンダリー・ドミナント）

第3章

コードを意識しながらアドリブしよう

☀ セカンダリー・ドミナントを入れたコード進行を練習しよう

　第1章で練習した "2516" のコード進行をFのキーで作ると、Gm7・C7・FM7・Dm7となりますが、本章ではDm7をGm7のセカンダリー・ドミナントであるD7に変えて練習していきましょう。

　まず、Gm7・C7・FM7・D7のコード・トーンとコード・スケールはこのようになります。

Ex-10　Gm7・C7・FM7・D7のコード・トーンとコード・スケール

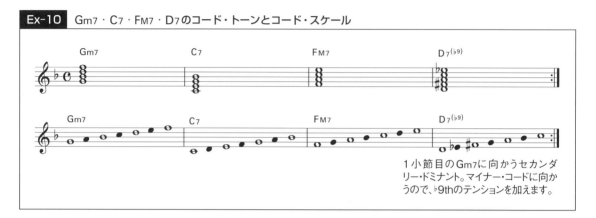

1小節目のGm7に向かうセカンダリー・ドミナント。マイナー・コードに向かうので、♭9thのテンションを加えます。

　コード・トーン／コード・スケールを使ったアドリブに入る前に、スケールでのアドリブを練習しておきましょう。今後は【Ex-10】のように、それぞれのコード・スケールを意識して弾くようにしてください。

　最終的にはそれぞれのコード・スケールを弾く感覚になりますが、慣れるまでは「**ダイアトニックとノン・ダイアトニックの二つに分類して弾く（Ex-11）**」と良いでしょう。

Ex-11　ダイアトニックとノン・ダイアトニックの分類

Ex-12　スケールのアドリブ例

SECTION 3-2
コード・トーンとスケールを組み合わせよう

♪ 様々なパターンのブロークン・コードを弾こう

コード・スケールが理解できたところで、その基になっているコード・トーンの**ルート・3度・5度・7度**（以降 **"1357"**）を弾けるようにしましょう。このように、コード・トーンを同時にでなくバラして弾くことを「**ブロークン・コード（分散和音）**」といいます。

Ex-1 ブロークン・コード

"1357" を転回することで、別のパターンを作ることができます。より深く理解するために、余裕があれば以下のブロークン・コードも練習しましょう。

Ex-2 転回を入れた "1357" のブロークン・コード

また、"1357" の塊を上から降りてくるパターンも練習しましょう。

Ex-3 "1357" を上から降りた場合のブロークン・コード

♪ コード・トーンとスケールをつなげる練習

コード進行に従ってそれぞれのコード・トーンが弾けるようになったら、2小節単位で「**コード・トーン→スケール→休符**」という流れで弾く練習をしましょう。

例えば最初の2小節を例に取ると、【Ex-4】のようにブロークン・コードを弾き、そのままの流れでスケールに移行し、一つのフレーズとして聞こえるようにします。

Ex-4 コード・トーン→スケール→休符の例1

それでは、このパターンをコード進行の中で練習してみましょう。

Ex-5 コード・トーン→スケール→休符の例2

コード・トーンとスケールを切り離してしまうと一つのフレーズに聞こえなくなりますので、しっかり接続することを意識して弾くようにしましょう。

Ex-6 コード・トーンとスケールを切り離してしまったダメな例

2小節単位の位置を移動した形でも練習してみましょう。

Ex-7　コード・トーン→スケール→休符の例3

　初めのうちはあまり複雑なリズムを使わず、ブロークン・コードとスケールをしっかり接続できるように意識して練習すると良いと思います。

　また、以下のようにテンポを考えず、音の流れだけを練習するのも効果的です。

Ex-8　Gm7のブロークン・コードからスケールに接続する練習

以下のように、頭の中で流れをイメージしながら弾くと良いでしょう。

- **ブロークン・コードで上がって、そのままスケールも上がっていく。**
- **ブロークン・コードで上がって、スケールで下りてみる。**

　ここまでいかがでしたか？この章の最初にそれぞれのコードにマッチしたスケールでアドリブすると書きましたが、スケールだけで弾いていたアドリブの中にコード・トーンを混ぜることで、コード感のあるメリハリが付いたフレーズになっています。

第3章　コードを意識しながらアドリブしよう

SECTION 3-3

ブロークン・コードを
フレーズらしくしていこう

♪ ブロークン・コードにリズムを適用させよう

　スケールのときと同様に、ブロークン・コードをいろいろな形・リズムで弾く練習をしましょう。譜例では Gm7 における「ルートから入るブロークン・コード」の例を提示しましたので、パターンを読み取って他のコードにも適用させてください。

Ex-1　Gm7においてルートから入るブロークン・コードの例

Ex-2　コード進行の中で、【Ex-1】のパターン1・2を弾いた例

☀7度から入るブロークン・コード

次に、7度から入るパターンも練習してみましょう。

Ex-3 Gm7において7度から入るブロークン・コードの例

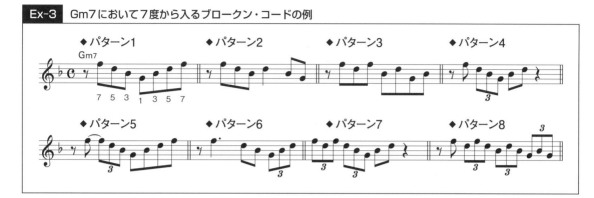

☀スケールや休みも絡めていこう

リズムをつけたブロークン・コードに慣れたら、再び「**コード・トーン→スケール→休み**」の練習をしてみましょう。まずは2小節単位での練習です。

Ex-4 コード進行の中で、【Ex-3】のパターン1・2を順番に弾いた場合の例

Ex-5 コード・トーン→スケール→休みの例1

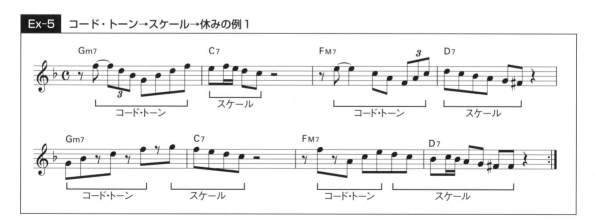

第3章 コードを意識しながらアドリブしよう

Ex-6 コード・トーン→スケール→休みの例2

　3度または5度から入るパターンも練習できると良いと思いますが、まずは「ルート・7度」の二つを使いこなせるようにしましょう。弾いているうちに、自然と3度や5度も意識するようになっていくはずです。

Ex-7 ブロークン・コード "1357"→スケール→休み でのアドリブ例

♪ 3度・5度・7度・9度のブロークン・コード

　"1357"の次は、"3579"（3度・5度・7度・9度）を練習しましょう。"3579"はルートを含んでおらず、かつ「9度」のテンション（P.116参照）が含まれるので、よりジャズらしい音使いに聞こえると思います。
　まずはブロークン・コードの練習です。

Ex-8 ブロークン・コード "3579"

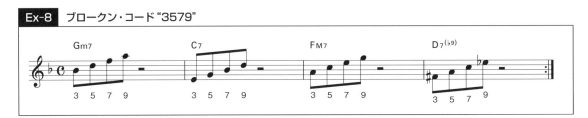

　ルートの音を含んでいない "3579" は、コード・ネームから音をイメージしにくい場合があります。そこで、以下の二つのエクササイズを練習しましょう。"13579" をひと塊として頭に入れることで、コードに対する柔軟性がより高まります。

Ex-9　"13579" をまとめて習得するためのフレーズ

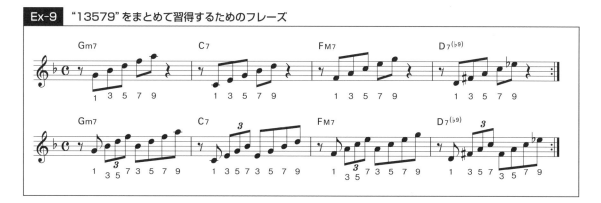

　"3579" も "1357" のときと同様に、以下の練習をしてみましょう。

- スケールにつなげる。
- 2小節単位で弾く。
- リズムに変化を加えて弾く。

　ここまでのまとめとして、「コード・トーン（ここでは主に "3579"）→スケール→休み」の流れでアドリブを練習しましょう。

Ex-10　ブロークン・コード "3579" →スケール→休み でのアドリブ例

SECTION 3-4
フレーズの様々なところに
コード・トーンを入れよう

♪ フレーズの終わりをブロークン・コードにする

　コード・トーンの扱いに慣れてきたら、次は「**スケールからコード・トーンに入る**」練習をしましょう。コード・トーンでフレーズが終わるため、しっかりフレーズの終わりを感じることができると思います。

　休みの後にコード・トーンから入っていたときとは異なり、弾いているスケールの位置によってコード・トーンの音の使い方を変える必要があるため、より柔軟に対応する必要があります。

　譜例のように、2小節ごと「スケール→コード・トーン→休み」の練習をしてみましょう。全てのコード・トーンを使う必要はありません。

Ex-1　スケール→コード・トーン→休みの例1

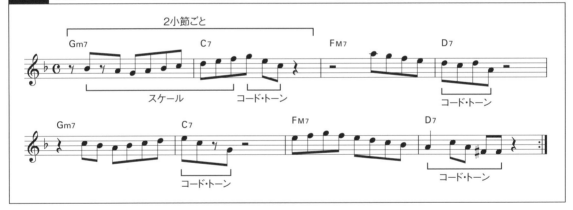

Ex-2　スケール→コード・トーン→休みの例2

　最初は難しく、場当たり的に感じるかもしれませんが、何度も積み重ねることで先の流れや音使いを想像できるようになってきます。

♪ コード・トーンとスケールをより混合させた形

　さらにコード・トーンを色々な形で挿入していきましょう。まずは、スケールでのアドリブの中にコード・トーンを挿入する練習です。

Ex-3　スケールでのアドリブの中に、ブロークン・コードを挿入した例

☀ パッシング・トーンを入れてみよう

　コード・トーンの間にスケール上の音を挟み込む（この音を「パッシング・トーン」と言います）ことで、スケールとコードのバランスの取れた新たなフレーズを作ることができます。実際の例を見てみましょう。

Ex-4　パッシング・トーンを入れたパターン例（"1357"）

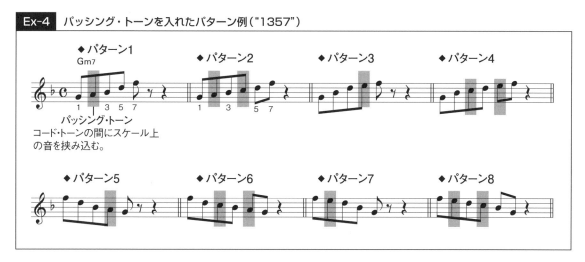

　以下の譜例のように、スケールを先に考え、「パッシング・トーンを省略して弾いた」と考えることもできます。

Ex-5　スケールから「パッシング・トーンを省略して弾いた」と考えた場合

"3579" の形も同じようにパターンを作ることができます。

Ex-6 パッシング・トーンを入れたパターン例（"3579"）

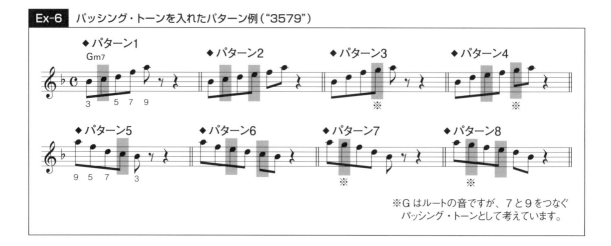

※G はルートの音ですが、7と9をつなぐ
パッシング・トーンとして考えています。

♪ コード・トーンからコード・トーンへ自由に跳躍

跳躍するときは、「コード・トーンからコード・トーンに**移動する**」と自然に聞こえます。譜例のようにアドリブ内に取り入れていきましょう。

Ex-7 コード・トーン同士の跳躍を含んだアドリブ例

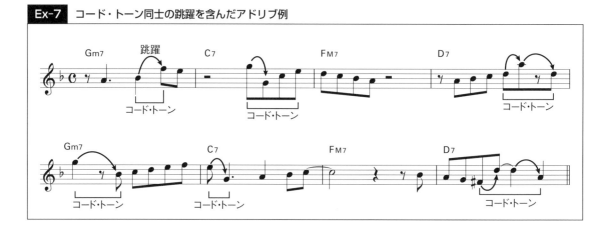

SECTION 3-5
ジャズ・スタンダードで
アドリブの練習をしよう！

　3章のまとめとして、ジャズのスタンダード・ナンバーでアドリブの練習をしてみましょう。3章では、「I want to be happy」を弾いていきます。まずはメロディを弾いて、曲の雰囲気を感じてみましょう。

Ex-1　I want to be happy ／ Music：Vincent Youmans

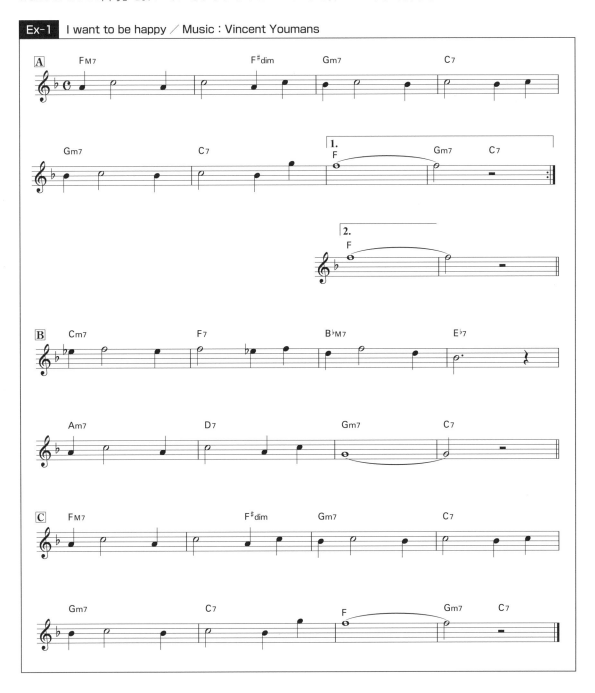

　アドリブを弾く前に、コード・トーンとコード・スケールを把握します。一つずつスケールを把握するのは大変なので、初めのうちは「**キーのスケールで弾ける箇所（ダイアトニック）**」と「**キーのスケールからはみ出る箇所（ノン・ダイアトニック）**」に分類して理解すると良いでしょう。この曲はキーFなので、Fメジャー・スケール（ファ・ソ・ラ・シ♭・ド・レ・ミ）はダイアトニック、それ以外の音はノン・ダイアトニックになります。

Ex-2　「I want to be happy」のコード・スケール

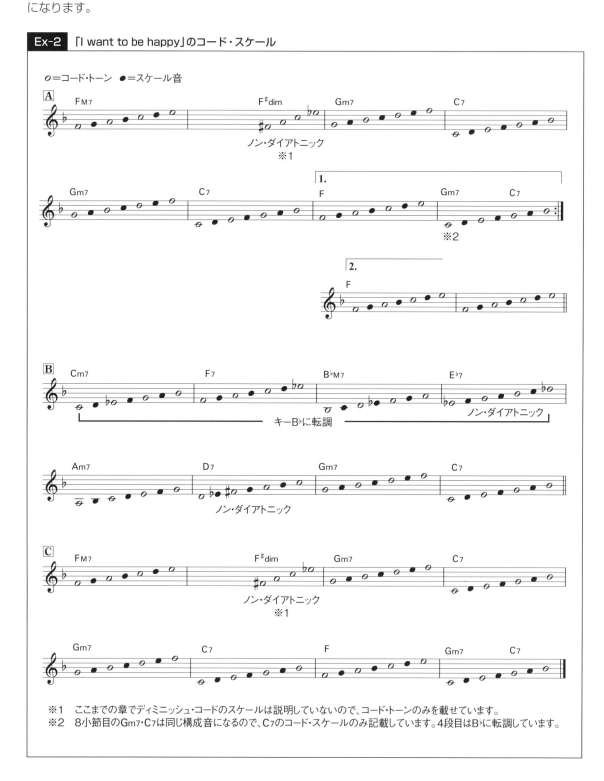

※1　ここまでの章でディミニッシュ・コードのスケールは説明していないので、コード・トーンのみを載せています。
※2　8小節目のGm7・C7は同じ構成音になるので、C7のコード・スケールのみ記載しています。4段目はB♭に転調しています。

Ex-3　「I want to be happy」のコード進行でのアドリブ例

動画

次ページへ→

第4章

オシャレ&カッコよくなる
クロマチック・アプローチ

SECTION 4-1

マイナー・キーの
スケールとコード

♪ 平行調とは？

　Fメジャー・スケールの6番目の音（D）からスケールを始めると、Dマイナー・スケールができます（このときのFメジャーとDマイナーの関係を「**平行調（Relative Key）**」といいます）。

Ex-1　平行調の関係

Fメジャー・スケールの6番目（6度）から弾く

♪ マイナー・キーのダイアトニック・コード

　Fメジャー・スケールのときと同じように、Dマイナー・スケール上でダイアトニック・コードを作ってみましょう。

Ex-2　Dマイナー・スケールのダイアトニック・コード

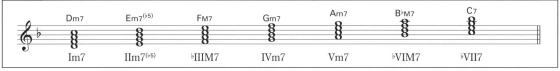

　本章ではDマイナー・スケール上のコード進行、Em7$^{(\flat 5)}$・A7$^{(\flat 9)}$・Dm7（キーDマイナーのツー・ファイブ・ワン）で練習を行います。上記ダイアトニック・コードにおけるファイブはAm7になりますが、A7$^{(\flat 9)}$（セブンス・コード）を用いてドミナント・モーション（A7$^{(\flat 9)}$→Dm7）にするのが一般的です。コード・トーンとコード・スケールは**【Ex-3】**のようになります。

Ex-3　キーDマイナー、ツー・ファイブ・ワンのコード・トーンとコード・スケール

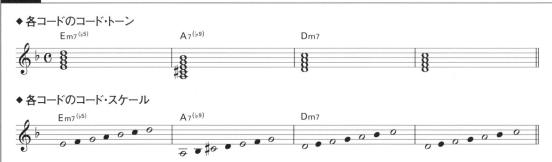

SECTION 4-2
半音下、半音上からの クロマチック・アプローチ

♪ ターゲット・ノートとアプローチ・ノート

　コード・トーンは、そのコード内で安定する音の集まりでもあります。そのいずれかのコード・トーン（以降、**ターゲット・ノート**）に向かって解決する近くの音を「**アプローチ・ノート**」といい、コード・トーンを装飾するのに用いられます。まずはスケール上でできるアプローチ・ノートを見てみましょう。

Ex-1　ターゲット・ノートとアプローチ・ノート

　このアプローチ・ノートの中でもターゲットに向かって**半音下**、もしくは**半音上**から解決することを「**クロマチック・アプローチ**」といい、そのときの音を「**クロマチック・アプローチ・ノート**」といいます。クロマチックとは「**半音の、半音階の**」という意味です。

Ex-2　クロマチック・アプローチ・ノート

　このようにクロマチック・アプローチを使うことで、コード・スケール上にない音を使うことができます。単音では不安定な音ですが、「**コード・トーンに解決する**」という理論によって使用可能な音になるというわけです。

☀ルートと７度のクロマチック・アプローチを練習しよう

アプローチ・ノートをアドリブの中に取り入れるために、まずはそれぞれのコード・トーンに向かうクロマチック・アプローチを練習しましょう。全てのコード・トーンに向かってクロマチック・アプローチが可能ですが、ここでは「ルートと７度」にアプローチするものだけを示します。

Ex-3 半音下からルートに向かうクロマチック・アプローチの練習

Ex-4 半音上からルートに向かうクロマチック・アプローチの練習

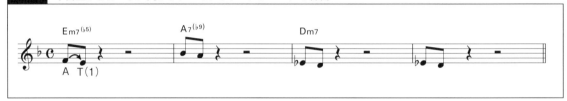

Ex-5 半音下から７度に向かうクロマチック・アプローチの練習

Ex-6 半音上から７度に向かうクロマチック・アプローチの練習

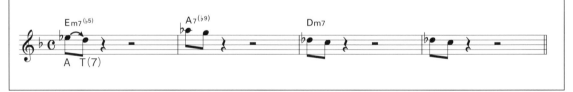

♪ クロマチック・アプローチからブロークン・コードへの接続

　「クロマチック・アプローチ→コード・トーン」の流れを一つのまとまりとして練習しておきましょう。バリエーションはたくさん作ることが可能ですが、ここでは使いやすい"1357""3579"のブロークン・コードの前にクロマチック・アプローチを入れた形を取り上げます。

Ex-7　半音下からのクロマチック・アプローチ→"1357"

Ex-8　半音下からのクロマチック・アプローチ→"7531"

　音を把握できたら、リズムで動きをつけたパターンも練習しましょう。

Ex-9　クロマチック・アプローチ＋コード・トーンにリズムで動きをつける

　その他にも"3579"のまとまりに向かうクロマチック・アプローチや、半音上からブロークン・コードにアプローチするクロマチック・アプローチ等も練習すると良いでしょう。以下にクロマチック・アプローチとブロークン・コードの組み合わせの例を示します。

Ex-10　半音下からのクロマチックアプローチ→"3579"

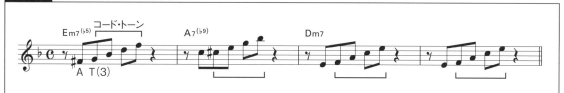

第4章　オシャレ＆カッコよくなるクロマチック・アプローチ

Ex-11 半音下からのクロマチックアプローチ→9753

Ex-12 半音上からのクロマチックアプローチ→"1357"

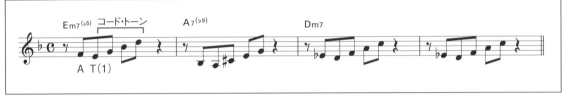

Ex-13 半音上からのクロマチックアプローチ→"3579"

それでは、「クロマチック・アプローチ→コード・トーン→スケール→休み」という流れでアドリブを弾いてみましょう。譜例では"1357"のブロークン・コードしか使っていませんが、"3579"のブロークン・コードもどんどん取り入れていってください。

Ex-14 クロマチックアプローチ→コード・トーン→スケール→休み の例

SECTION 4-3
ターゲット・ノートに向かって遠回りするディレイド・リゾルブ

♪ ディレイド・リゾルブとは？

ターゲットに向かって**半音上**と**半音下**、両方から解決するときのことを特に「**ディレイド・リゾルブ**（もしくは**エンクロージャー**）」と言います。

Ex-1 ディレイド・リゾルブ

ターゲット・ノートの半音上。 ターゲット・ノートの半音下。

♪ ディレイド・リゾルブを使ってみよう

まずはコード進行の中、または一つのコード・トーンの中で、ディレイド・リゾルブを入れる練習をしましょう。「**常にターゲットを思い浮かべた上**」で弾くようにしてください。

Ex-2 ルートをターゲットとした場合のディレイド・リゾルブ

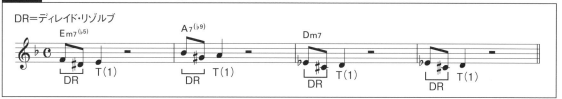

Ex-3 Em7(♭5)の"1357"をターゲットとした場合のディレイド・リゾルブ

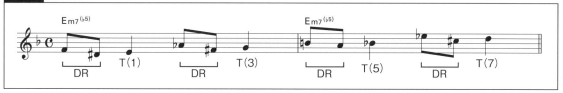

ディレイド・リゾルブ→ブロークン・コードの流れを練習しましょう。

Ex-4 ディレイド・リゾルブと"1357"のブロークン・コード

Ex-5 ディレイド・リゾルブと"1357"を使ったアドリブ例

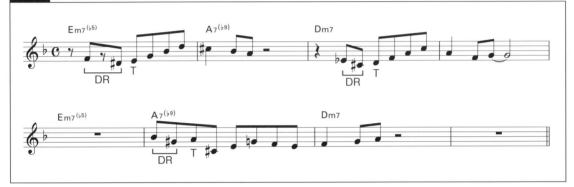

今までと同様に、"3579"や下降系のブロークン・コード、転回を取り入れたブロークン・コード等、様々な形を取り入れていきましょう。

最終的に「**コード・トーンに解決すれば良い**」という理論から、以下のような、より複雑なディレイド・リゾルブを作ることができます。ここでも多様な組み合わせを作ることができますが、一般的と思われるものを取り上げました。

Ex-6 より複雑なディレイド・リゾルブ

複雑なディレイド・リゾルブは、ターゲットの半音上・下以外に、全音上や全音下も絡めていきます。

Ex-7 ディレイド・リゾルブを使ったアドリブ例

SECTION 4-4

クロマチックを使った
様々なアイデア

♪ クロマチックからスケールへの移行

ここではクロマチック・アプローチを使ったアイデアを紹介します。まずは、クロマチック・アプローチからスケールに入る練習をしましょう。

Ex-1 半音下からのクロマチック・アプローチでスケールに入る練習（ここではDマイナー・スケール）

Ex-2 半音上からのクロマチック・アプローチでスケールに入る練習

Ex-3 ディレイド・リゾルブでスケールに入る練習

♪ コード・トーンから半音下に寄り道、コード・トーン同士の接続

クロマチックは「コード・トーンから半音下に寄り道」する際や、「コード・トーン同士の接続」に使うことができます。

♪ トライアドへのアプローチを使ったフレーズ

トライアド（コード・トーンの135）に向かってアプローチすることで、新たなフレーズを作ることができます。そのままフレーズとしても使うこともできますし、パーツとして一部を利用することも可能です。

SECTION 4-5

ジャズ・スタンダードで
アドリブの練習をしよう！

　4章でも、まとめとしてジャズの曲でアドリブの練習をしてみましょう。4章では「Beautiful Love」を
弾いていきます。まずはメロディを弾いて、曲の雰囲気を感じてみましょう。

Ex-1 Beautiful Love ／ Music：Victor Young、Wayne King、Egbert Van Alstyne

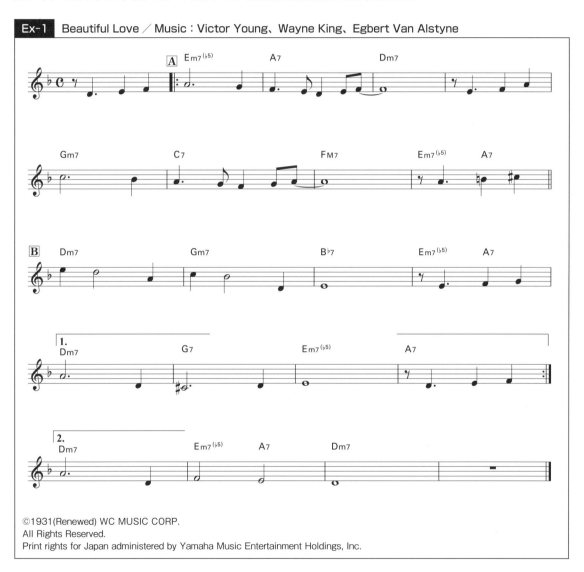

「Beautiful Love」でアドリブを始める前に、コード・スケールを確認しておきましょう。

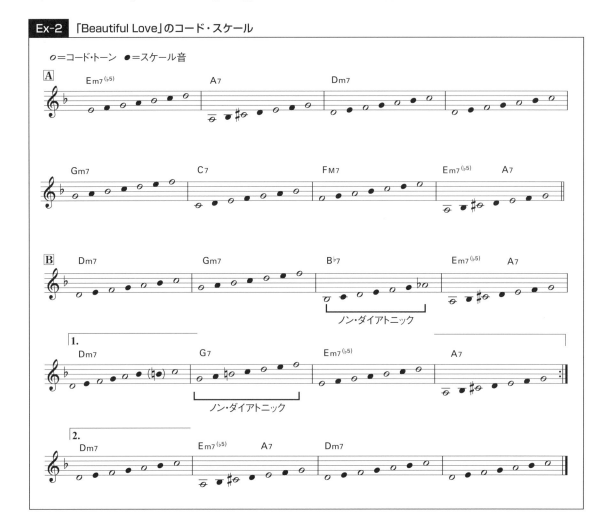

Ex-2　「Beautiful Love」のコード・スケール

Ex-3 「Beautiful Love」のコード進行でのアドリブ例

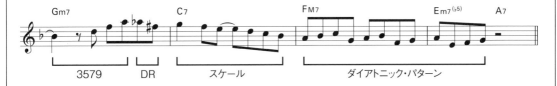

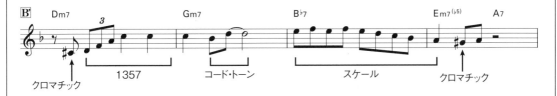

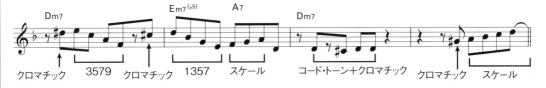

第4章 オシャレ&カッコよくなるクロマチック・アプローチ

※コード・トーンの間をクロマチックで繋いで（パッシング）いる状態。

次ページへ→

第5章

よりジャズらしい
アプローチのために

SECTION 5-1

テンションを含んだ
オルタード・スケール

♪ ベーシックなコード・スケールのおさらい

　第1章の最後に演奏した「枯葉」は、B♭のメジャー・スケールのみで演奏しましたが、この章では全ての
コードに対するコード・スケールを把握した上で、さらに発展させたアイデアを取り入れていきたいと思い
ます。まずは、もっとも一般的と思われるコード・スケールを以下に記しました。

Ex-1 「枯葉」のコード進行と一般的なコード・スケール

　ノン・ダイアトニック・コードのうち、D7とE♭7はコード・トーンを表拍に置き、裏拍をB♭メジャー・スケール(もしくはGマイナー・スケール)で埋めることで、コード・スケールを見つけることができます。また、「Gm7・C7」と「Fm7・B♭7」のコード進行を解説する場合、より音楽理論を詳しく学ぶ必要がありますので、ここでは最低限の解説に留めます。2組みのコードはそれぞれツー・ファイブになっていますので、それぞれのコード・トーンを合わせることでスケールを見つけることが可能です。

・キーFのツー・ファイブ
(P.40 参照)

Gm7　　　　C7
IIm7　　　　V7

・キーE♭のツー・ファイブ

Fm7　　　　B♭7
IIm7　　　　V7

　【Ex-1】に記したコード・スケールは、「それぞれのコードにおいてもっとも自然に聞こえるであろう音の集まり」です。逆に言えば、予定調和な音ばかりで単調と言えなくもありません。スケール上にない音を使う方法の一つとしてクロマチックを使ったアイデアは第4章で既に学習済みですが、ここでは、よりジャズらしいサウンドを得るために、「使用可能な新たなスケール」を当てはめていきたいと思います。

♪ ドミナント7thでオルタード・スケールを使ってみよう

　オルタード・スケールは、ドミナント7thのオルタード・テンション[1]を集めたスケールです。いくつかの7thコードにおけるオルタード・スケールを見てみましょう。

Ex-2　オルタード・スケールとその度数

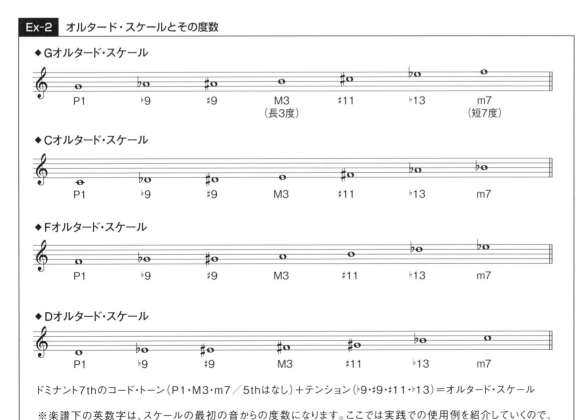

◆Gオルタード・スケール
P1　♭9　♯9　M3(長3度)　♯11　♭13　m7(短7度)

◆Cオルタード・スケール
P1　♭9　♯9　M3　♯11　♭13　m7

◆Fオルタード・スケール
P1　♭9　♯9　M3　♯11　♭13　m7

◆Dオルタード・スケール
P1　♭9　♯9　M3　♯11　♭13　m7

ドミナント7thのコード・トーン(P1・M3・m7／5thはなし)＋テンション(♭9・♯9・♯11・♭13)＝オルタード・スケール

※楽譜下の英数字は、スケールの最初の音からの度数になります。ここでは実践での使用例を紹介していくので、気になる方はP.115「音程」を参照してください。

※1　調号が付いたテンションのこと(♭9・♯9・♯11・♭13)。

（縦書き右欄外）第5章　よりジャズらしいアプローチのために

このスケールは、**ドミナント・モーションの役割**として存在する**ドミナント7thコード内**で使うことができます。ドミナント・モーション（P.42）のときの7thコードですね。このオルタード・スケールを入れることにより、「枯葉」の最初の8小節のコード・スケールは以下のように変化させることができます。

Ex-3 オルタード・スケールに置き換えた「枯葉」のコード・スケール

オルタード・スケールを使う場合は、そのままスケールを上がり下がりして弾くのではなく「**スケールに基づいてできたフレーズを覚えて使えるようにする**」のがオススメです。よく使われるフレーズで、理解しやすいものを四つあげましたので練習してみてください。

Ex-4 オルタード・スケールの一般的なフレーズ例

◆G7 Gオルタード・スケールのフレーズ

◆C7 Cオルタード・スケールのフレーズ

◆F7 Fオルタード・スケールのフレーズ

◆D7 Dオルタード・スケールのフレーズ

　実際に「枯葉」のコード進行内でオルタード・スケールのフレーズを使うと、【Ex-5】のようになります。譜例では、わかりやすくルートから入るオルタード・スケールのフレーズを弾いていますが、慣れてきたら、それ以外の度数からも入れるように練習してみてください。

Ex-5　オルタード・スケールを使ったアドリブ例（「枯葉」のコード進行）

（譜例：Cm7 / F7 [Fオルタード・スケール] / B♭M7 / E♭M7 / Am7(♭5) / D7 [Dオルタード・スケール] / Gm / Cm7 / F7 [Fオルタード・スケール] / B♭M7 / E♭M7 / Am7(♭5) / D7 [Dオルタード・スケール] / Gm）

第5章　よりジャズらしいアプローチのために

Column　1曲でも弾けるようになったら、ジャムセッションに参加してみよう！

　本書を手に取り、練習を積み重ねている方には、是非ジャムセッションに遊びに行っていただきたいです。

　マイナスワンと一緒に演奏してスキルアップしていければそれで十分に楽しい、というのも事実ですが、そこでジャズを止めてしまうのはとてももったいない。他の奏者と一緒に演奏するという経験は、それを遥かに超えた貴重な体験に溢れています。

　マイナスワンとは違い、何が起こるか分からないジャムセッション。その場に集まったプレイヤー全員で1つの方向に向かって1曲を作り上げるワクワクは、体験した人にしか分かりません。とはいえ、はじめの一歩は勇気がいることでしょう。初心者向け、初心者歓迎、と謳っているジャムセッションに行くのも一つの選択肢です。また、1回目は見学してお店やセッションの雰囲気を見るのもいいと思います。

　一度でもジャムセッションの魅力を味わって頂ければ、そこから先は、さらに良いサイクルが生まれると思います。もっと楽しむために、素敵に弾けるように「ここをこうしたい」「この曲もやりたい」「こんなスキルを身につけたい」そんな具体的で熱い思いがふつふつと湧いてきて、練習時間がより充実したものになるでしょう。

　家庭や職場のある方々にとって、ピアノを弾く時間やセッションを楽しむ時間はまさにサードプレイス。年齢や職業に関係なくいつまでも楽しめる、最高の娯楽だと思います。

　まずはジャムセッションに参加することを目標に練習、そしてその一歩をぜひ踏み出してみてください。

SECTION 5-2
半音・全音の
ハーフホール・スケール

♪ ハーフホール・スケールとは？

ハーフホール・スケールは、その名の通り「ハーフ（Half Step／半音）とホール（Whole Step／全音）」を**交互に積み重ねて**いったスケールで、「**コンビネーション・オブ・ディミニッシュ・スケール**」とも呼ばれます。他のスケールと異なりシステマティックな音階で、12音階の中には「**3パターン**」しかありません。

Ex-1　3パターンのハーフホール・スケール

◆Cハーフホール・スケール

◆D♭ハーフホール・スケール

◆Dハーフホール・スケール

↓＝ここから始めると半音・全音の並びが変わらない。

【Ex-1】のハーフホール・スケールの「**並び（半・全…）が変わらないように**」、始める音を変更してみましょう。そうすることで、その音を基準としたハーフホール・スケールになります。

☀Cハーフホール・スケール

E♭ハーフホール・スケール、F♯ハーフホール・スケール、Aハーフホール・スケール

☀D♭ハーフホール・スケール

Eハーフホール・スケール、Gハーフホール・スケール、B♭ハーフホール・スケール

☀Dハーフホール・スケール

Fハーフホール・スケール、A♭ハーフホール・スケール、Bハーフホール・スケール

このように、ハーフホール・スケールは一つのスケールを弾ければ四つの音を基準としたものに並び替えられる便利なスケールです。オルタード・スケールよりも先に、こちらを練習した方が汎用性が高いかもしれません。

このハーフホール・スケールも、オルタード・スケール同様に**ドミナント・モーションの役割**として存在する「**ドミナント7thコード内**」で使うことができます。いくつかの7thコードにおけるハーフホール・スケールを見てみましょう。

Ex-2	ハーフホール・スケールとその度数

ご覧の通り、FとDのハーフホール・スケールは同じ構成音になります。比較してみてください。

♪ ハーフホール・スケールを使ってみよう

このハーフホール・スケールを入れることにより、「枯葉」の最初の8小節のコード・スケールを以下のように変更することができます。Bナチュラルの音が含まれるのが大きな特徴と言えるでしょう。

Ex-3	ハーフホール・スケールに置き換えた「枯葉」のコード・スケール

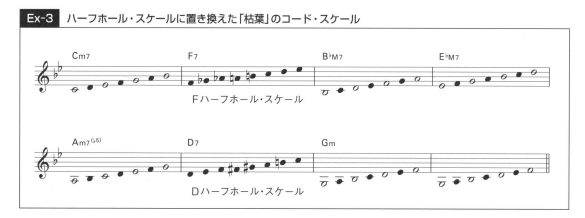

ハーフホール・スケールはシステマティックな構造であるために、パターン化したたくさんのフレーズを作ることができます。ただ、難しいスケールではあるので、慣れるまではスケールの上がり下がりにリズム的な変化を加えた使い方をするのがオススメです。

それでは、実際にハーフホール・スケールをアドリブの中で使ってみましょう。【Ex-4】を参考にして、色々試してみてください。

Ex-4 ハーフホール・スケールを使ったアドリブ例（「枯葉」のコード進行）

Column　筆者のアドリブ習得、奮闘記

　ジャズをはじめたばかりの私にとって、「アドリブってどうやるの？」という謎解きは、大変な挑戦でした。当時はインターネットもあまり一般的ではなく、手に入る書籍も少なかったです。

　そんな状況の中、アドリブに対する強い憧れと意欲はあっても何がアドリブに結びつくのかイメージできず、試行錯誤の毎日。「たくさん音源を聞く」「ジャズの譜面をひたすら弾く」といった方法も試しましたが、それでもアドリブはできませんでした。

　あれこれ考えて試行錯誤する中、やっと何かを掴んだと感じたのが、自分の好きな音源の「トランスクライブ（耳コピ）」と「アナライズ（分析）」、そして「パターン化」とその訓練です。

　具体的なフレーズを採譜してパターンを見つけだし、他のスケールやコードにも当てはめて練習を繰り返しました。そしてパターンを訓練することで、徐々に色々な曲で場所を問わずに似たような使い方ができるようになりました。

　結局、たくさん弾いている内に具体的なフレーズとしても頭に入るのですが、覚えることが苦手な私にとっては、パターンの状態まで噛み砕いて練習するこの方法がピッタリでした。

　こうしてパターンがアドリブ・フレーズの引き出しとなり、それっぽく弾けるようになってしまえば、ジャズにはジャム・セッションという最高に楽しい遊びがあります。ジャム・セッションが楽しめれば、自然とアドリブ力も底上げされていきます。アドリブ力が上がれば、さらにジャム・セッションが楽しめます。こうしてジャズの沼にハマっていくのです。

SECTION 5-3
メロディック・マイナー・スケールとブルース・スケール

♪ 三つのマイナー・スケール

マイナー・スケール（短調のスケール）は、主に３種類があります。その中でメロディック・マイナー・スケールはM6（長６度）とM7（長７度）の音を含んでいるという特徴があります。

Ex-1　キーCマイナーにおける三つのマイナー・スケール

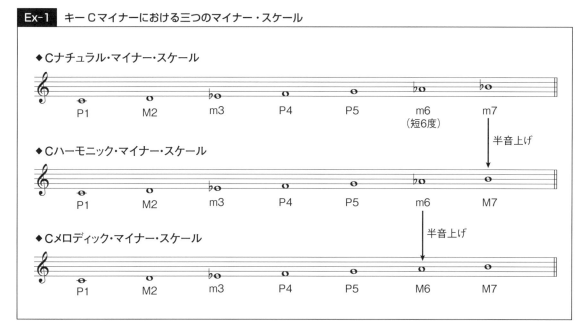

これらのスケールは、そのマイナー・キーのトニック(Im)で自由に入れ替えることが可能です。「枯葉」の場合はキーGマイナーですので、キーGマイナーにおけるマイナー・スケールを見てみましょう。

Ex-2 キーGマイナーにおける3種のマイナー・スケール

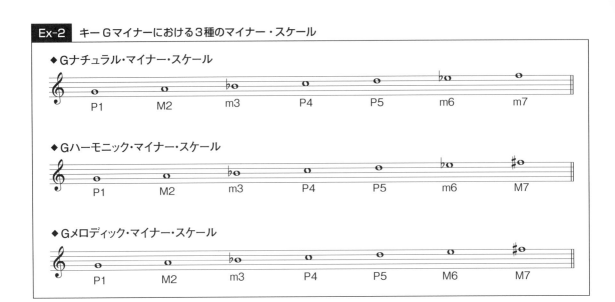

♪ メロディック・マイナー・スケールを使ってみよう

「枯葉」の最初の8小節において、キーGマイナーのコード・スケールをメロディック・マイナー・スケールに置き換えると、以下のようなコード・スケールになります。

Ex-3 メロディック・マイナー・スケールに置き換えた「枯葉」のコード・スケール

Eナチュラル・F♯の音が含まれることが特徴です。初めのうちは耳が慣れないかもしれませんが、使っているうちにジャズらしいサウンドに聞こえてくるかと思います。

Ex-4 Gメロディック・マイナー・スケールを使ったアドリブ例

また、メロディック・マイナー上のコードであるGm6（ソ・シ♭・レ・ミ）、GmM7（ソ・シ♭・レ・ファ♯）のコード・トーンを利用したフレーズも効果的です。

Ex-5 Gm6、GmM7に基づくフレーズを使ったアドリブ例

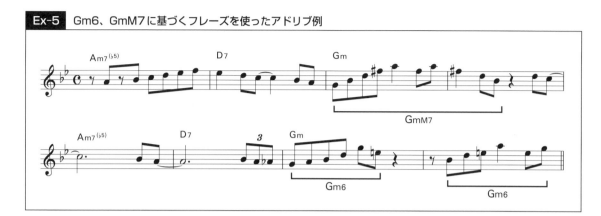

♪ ブルース・スケールとは？

ブルース・スケールはコード・スケールの概念とは異なり、その「**キーに基づいたスケール**」をコードに関係なく弾くことができます。

メジャー・ブルース・スケールとマイナー・ブルース・スケールがあり、メジャー・キーのところではそのキーのメジャー・ブルース・スケールを、マイナー・キーのところではそのキーのマイナー・ブルース・スケールを使うのが一般的です。

Ex-6 Cメジャー・ブルース・スケールとCマイナー・ブルース・スケール

平行調の関係と同じように、Cメジャー・ブルース・スケールをM6（6度）であるAの音からスタートすると、Aマイナー・ブルース・スケールになります。

Ex-7 Cメジャー・ブルース・スケールとAマイナー・ブルース・スケールの関係

第5章 よりジャズらしいアプローチのために

「枯葉」に出てくるキーはB♭メジャーとGマイナーですので、ブルース・スケールは【Ex-8】で示した関係と同様、同じ構成音になります。

Ex-8 B♭メジャー・ブルース・スケールとGマイナー・ブルース・スケール

「枯葉」内でブルース・スケールを使う場合は、Gマイナー・ブルース・スケール（もしくはB♭メジャー・ブルース・スケール）一つだけを考えて弾くことが可能です。下記譜例のように、コードに左右されず、自由に使うことができます。

Ex-9 「枯葉」のアドリブでGマイナー・ブルース・スケールを取り入れた例

SECTION 5-4
ガイド・トーン・ラインと各コード・スケールの名前

♪ ガイド・トーン・ラインとは？

　ガイド・トーン・ラインとは、ガイド・トーンと呼ばれる「**コードの3度と7度**」の音を中心に、その他のコード・トーンやテンションの音を加えて作ったメロディの骨組み／枠組みのことを言います。

　今までは「どのようなスケールを使って弾くか」を各コードごとに着目してきましたが、ここでは「**コード同士をスムーズにつなげること**」により、大きな流れを感じながらアドリブ・ラインを作れるように練習していきます。

♪ ガイド・トーン・ラインを作ってみよう

　実際にガイド・トーン・ラインを作ってみましょう。【Ex-1】の例ではコードの3度と7度（ガイド・トーン）を中心に作りましたが、全体を通して一つのゆったりとしたメロディに聴こえるように、その他のコード・トーンやテンションを含んだラインも作ってみてください。

Ex-1	ガイド・トーン・ラインの例

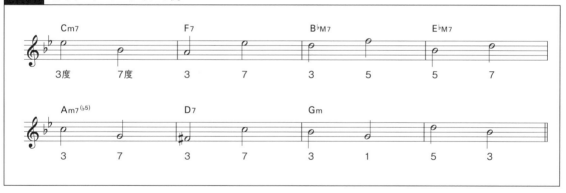

　このガイド・トーン・ラインを骨組み／枠組みとしてアドリブを取ってみましょう。まずは以下の二つで動きを出してみます。

- リズムの位置を変更する。
- ラインを適度な長さで区切る。

Ex-2 【Ex-1】のガイド・トーン・ラインにリズムで変化を加えた例

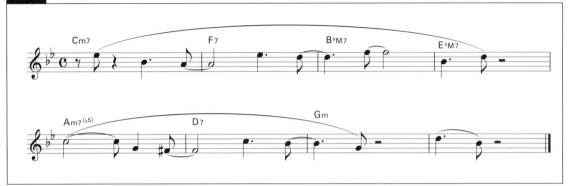

【Ex-2】のようにリズムで変化を加えられたら、その他の要素も加えていきます。

- ガイド・トーンに向かって、スケールやクロマチックでアプローチ（アプローチ・ノート）。
- ガイド・トーン同士をスケールやクロマチックで接続（パッシング・トーン）。
- 同じ音を繰り返す。

Ex-3 ガイド・トーン・ラインを基準としてアドリブを弾いた場合の例

※1段目の1・2・3小節目、4拍裏の音は、次のコードのガイド・トーンを先取りして次の小節に入っています。必ずしも拍の頭を合わせる必要はありません。

　初めのうちは事前にガイド・トーン・ラインを作っておかないと、この方法でアドリブを弾くことは難しいと感じるかもしれません。しかし、慣れてくるとその場でガイド・トーン・ラインを組み立てられるようになってきます。

♪ ダイアトニック・コードのコード・スケールの名前

　これまで、様々なアドリブをコードに合うようにコード・スケールで弾いてきましたが、実はこのコード・スケールは総称で、各スケールに名前があります。Cメジャー・スケール上でコードとスケールの関係、スケール名等を整理してみましょう。

Ex-4　Cメジャー・スケール上のダイアトニック・コードとコード・スケール、スケール名

　平行調Aマイナー・キーの場合は、Im7 ／ Aエオリアン、IIm7⁽♭5⁾ ／ Bロクリアン、♭IIIM7 ／ Cイオニアン…になります。

　【Ex-4】ように、「メジャー・スケールを何番目から始めたスケール」という理解のほか、「メジャー・スケールに対してどこを変化させたスケールか」という理解も大切です。
　今後、それぞれのスケールを独立して覚えていくには後者(**メジャー・スケールに対してどこを変化させたスケールか？**)の理解が欠かせませんので、ある程度アドリブ演奏になれた方は巻末の音楽理論を参考に、個々のスケールに精通しアドリブ演奏ができるよう練習していきましょう。

第5章　よりジャズらしいアプローチのために

♪ セカンダリー・ドミナントのコード・スケール

　第3章でも触れたように、コード・ネームからスケールを見つけるための最もシンプルな方法は「**コード・トーンの間をそのキーの音で埋める**」方法です。キーCの曲を弾いていれば、「当然Cメジャー・スケールの音が自然に聞こえているはず」という前提からコード・スケールを見つけます。

　キーCに出てくるセカンダリー・ドミナントのコード・スケールを見つけてみましょう。注意点としては、マイナー・コードに向かうために存在するセカンダリー・ドミナントは♮9ではなく、♭9にするほうが一般的であるということです。♭9にすることで、「**マイナー・コードに解決するための進行感が強くなる**」と理解しておいてください。

Ex-5　Cのダイアトニック・コードのセカンダリー・ドミナント

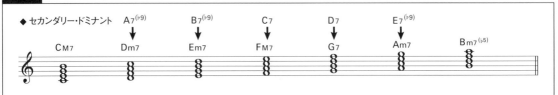

Ex-6　セカンダリー・ドミナントのコード・スケール

☀ミクソリディアン♭9・♭13スケールについて

　メジャー系のコードに進行するドミナント7thはミクソリディアンを使い、マイナー系のコードに進行するドミナント7thでは、ミクソリディアンの「2番目（♭9th）と6番目（♭13th）をフラットさせる」という形を使います。これを、**ミクソリディアン♭9・♭13スケール**と呼びます。

　【Ex-6】を見てみると、セカンダリー・ドミナントのコード・スケールは「コード・トーン（♭9th）＋そのキーの音」で済みますので、複雑なスケール名に負けずにチャレンジしてみてください。

　ミクソリディアン♭9・♭13スケールは、ハーモニック・マイナー・パーフェクト・フィフス・ビロウ・スケールという名前でも知られていますが、ミクソリディアンの名前を使うことで、メジャー／マイナーと関連づけて覚えることができるので、本書ではこちらの名称で紹介しました。

　第6章のコード・スケールの分析では、これらのスケールの名前も記載しています。慣れない場合は混乱するかもしれませんが、コード・スケールということを思い出して、焦らず練習しましょう。

第6章

ジャズ・スタンダードで
アドリブしよう

　本章では第5章までの総括として、ここまで身につけたアイデアを中心に組み合わせることで、実際のアドリブ例を作成しました。

　まず「1. リードシート（曲のメロディとコード・ネーム）」、アドリブを始める準備として必要な「2. コード・トーン」「3. 一般的なコード・スケール」、次に「4. アドリブ例（2コーラス分）」を掲載しています。

　第2章までの一つのメジャー・スケール（もしくはマイナー・スケール、ブルース・スケール）を中心にアドリブ練習をしたい場合は、リードシートの上にそれぞれのセクションでのキーを表記してありますので、それに従って弾いてください。

SECTION 6-1

クレオパトラの夢

Music：バド・パウエル

─ 解説 ─

　バド・パウエルの代表曲の一つ。オリジナルは A♭ マイナーのキーですが、フラットが多く難しいために
G マイナーで演奏されることも多く、ここでも G マイナーのキーを採用しました。コード進行は非常にシ
ンプルで、それこそ G マイナー・スケール（B♭ メジャー・スケール）一つでもアドリブは取れますが、曲
に慣れてきたら、色々なスケールの使える D7 で遊んでみたり、Gm ではメロディック・マイナー・スケー
ルを使ったり、リズムはもちろん、音使いにも変化を加えるようにして弾いてみてください。

1 リード・シート

☀ジャズ・セッションでのアドリブ

　ジャズ・セッションのアドリブは、テーマ（リード・シートの最後まで）を弾いた後に、リード・シートの
コード進行で各楽器ごとにソロを回していきます。アドリブ練習を始める前に、楽曲の構成やコード／ス
ケールを確認しておきましょう。

2　コード・トーン

※GmはGm7のコード・トーンを記載しています。

第6章　ジャズ・スタンダードでアドリブしよう

3 一般的なコード・スケール

4 アドリブ例

動画

第6章　ジャズ・スタンダードでアドリブしよう

※ここで「スケール」と表記しているのは、「3.一般的なコード・スケール」で
使われるものを意味します。ブルース・スケール、ハーフホール、オルタード
等のスケールは、スケール名を表記しています。

次ページへ→

Fly me to the moon

Music：バート・ハワード／ジョン・ラトゥーシュ／ジェローム・モロス

解説

　この曲はシャープもフラットもつかないキーCなので、ダイアトニック・コードとノンダイアトニック・コードの区別がしやすいと思います。Cメジャー・スケール以外の音をアドリブに取り入れるにはどうしたらいいのかを復習する一方で、Cメジャー・スケールだけを使った場合に、どうすれば単調になりすぎず、変化のあるソロを作ることができるのか、そんなところも考えながらアドリブ練習をしてみてください。

1 リード・シート

2 コード・トーン

キーC

3 一般的なコード・スケール

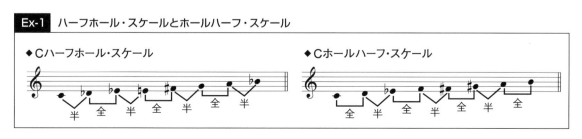

第6章 ジャズ・スタンダードでアドリブしよう

☀ハーフホール・スケールとホールハーフ・スケールについて

　「半・全・半・全・半・全・半・全」と、半音と全音の順で繰り返されるスケールをハーフホール（HW）・スケールと呼び、ドミナント・モーションするドミナント7thコードでよく使われますが、この半音と全音の順番を入れ替えたスケールがあります。

　実際に入れ替えると「**全・半・全・半・全・半・全・半**」の順で繰り返され、このスケールを「**ホールハーフ（WH）・スケール（別名ディミニッシュ・スケール）**」と呼び、主に**ディミニッシュ・コード**のところで使われます。

Ex-1 ハーフホール・スケールとホールハーフ・スケール

◆Cハーフホール・スケール　　　　　　　◆Cホールハーフ・スケール

4 アドリブ例

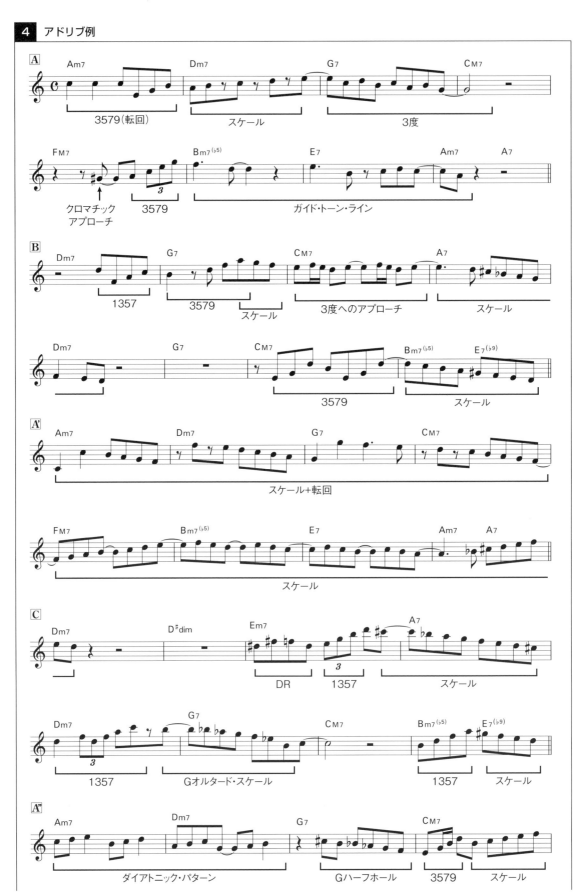

第6章 ジャズ・スタンダードでアドリブしよう

SECTION 6-3

いつか王子様が

Music：フランク・チャーチル

解説

　本書では唯一のワルツ（3拍子）の曲です。 第1章、第2章で取り組んだリズムの練習は全て4拍子でしたが、3拍子になった途端に窮屈、なかなか思うようにリズムが動かせないという方も多いのではないでしょうか。音の選択に関しては同じですので、少しずつ3拍子の上でも4拍子と同様、自由に、多彩なリズム表現ができるよう慣れていきましょう。

1 リード・シート

2 コード・トーン

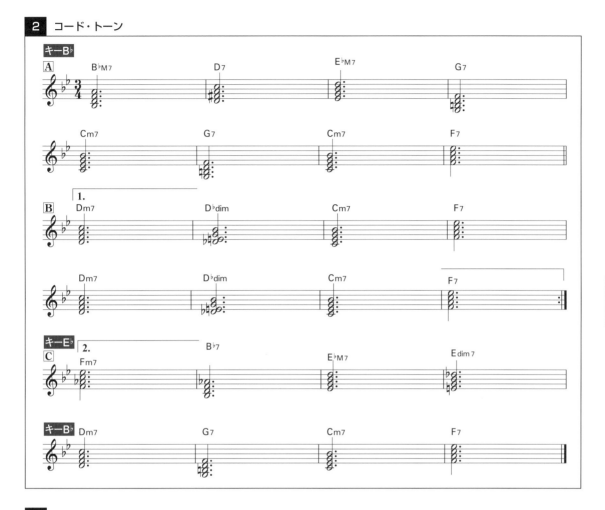

3 一般的なコード・スケール

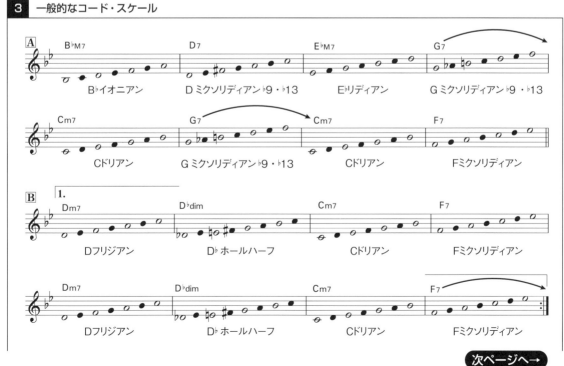

第6章 ジャズ・スタンダードでアドリブしよう

次ページへ→

4 アドリブ例

第6章 ジャズ・スタンダードでアドリブしよう

SECTION 6-4

朝日のようにさわやかに

Music：シグマンド・ロンバーグ

解説

　Aセクションは C マイナー、Bセクションは C マイナーの平行調である E♭ メジャーのキーになっています。そのため、一つのスケールでアドリブを取る場合は C マイナー（もしくは E♭ メジャー）を使いますが、マイナー・キーがベースということもあり、C マイナー・ブルース・スケール一つでアドリブ練習をする、というのもオススメです。

1　リード・シート

2 コード・トーン

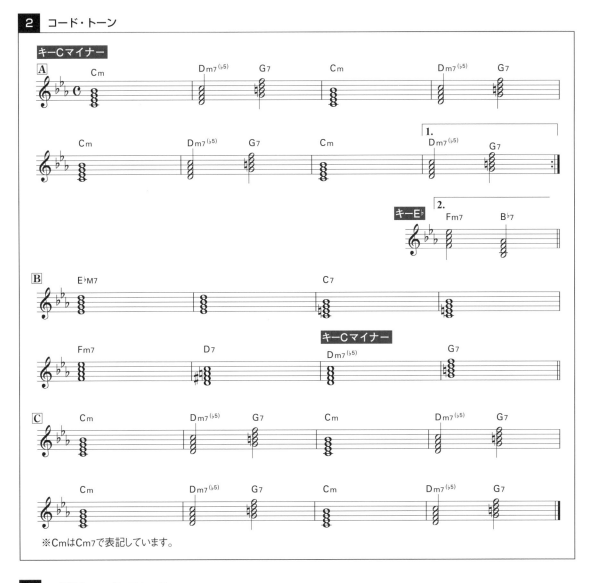

キーCマイナー

※CmはCm7で表記しています。

3 一般的なコード・スケール

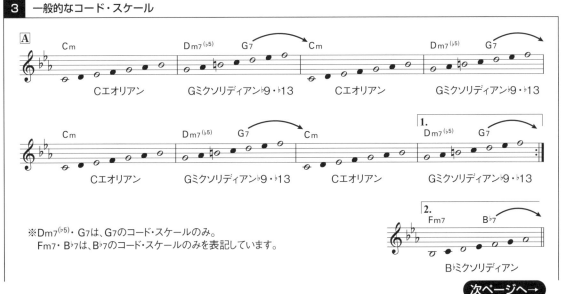

Cエオリアン　Gミクソリディアン♭9・♭13　Cエオリアン　Gミクソリディアン♭9・♭13

Cエオリアン　Gミクソリディアン♭9・♭13　Cエオリアン　Gミクソリディアン♭9・♭13

B♭ミクソリディアン

※Dm7(♭5)・G7は、G7のコード・スケールのみ。
　Fm7・B♭7は、B♭7のコード・スケールのみを表記しています。

第6章　ジャズ・スタンダードでアドリブしよう

次ページへ→

※Dm7(♭5)・G7は、G7のコード・スケールのみを表記しています。

4 アドリブ例

第6章 ジャズ・スタンダードでアドリブしよう

SECTION 6-5

Just friends

Music：ジョン・クレナー

解説

この曲では基本に戻って、スケール上での動きとコード・トーンを中心にソロを書きました。3・4小節目の B♭m7・E♭7 はキーが A♭ のときのツー・ファイブ、それから 7・8 小節目の A♭m7・D♭7 はキーが G♭ のときのツー・ファイブとなっており、フラット一つの F メジャー・スケールとはコード・スケールがだいぶ異なります。ここはしっかり付いていきたい所なので、慣れるまではこのスケールの切り替えを練習するようにしてください。

1 リード・シート

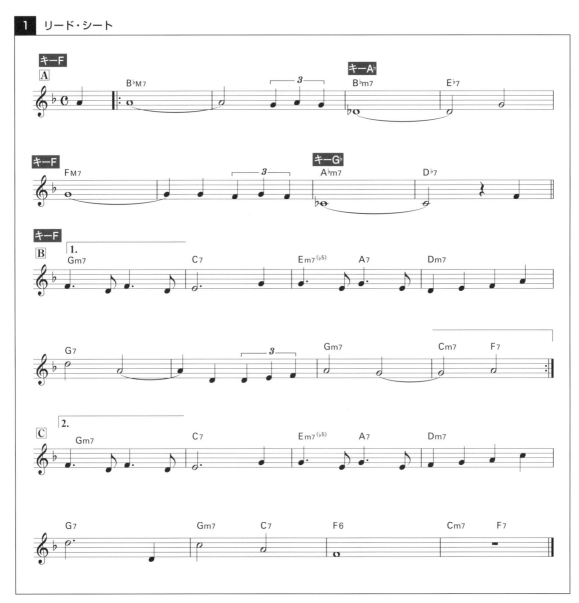

2 コード・トーン

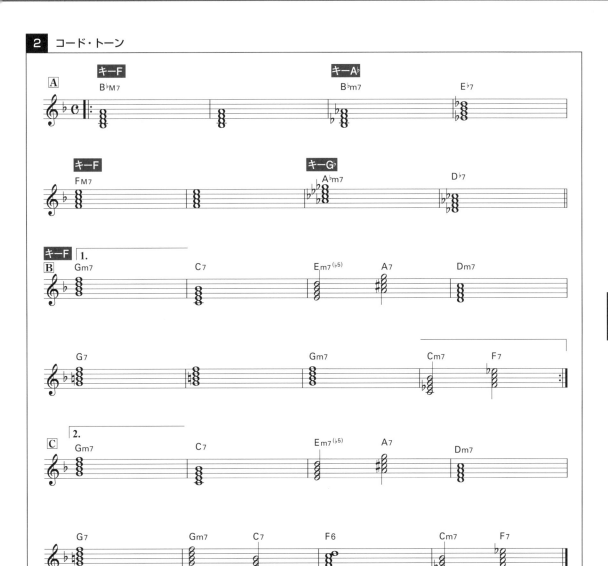

第6章 ジャズ・スタンダードでアドリブしよう

3 一般的なコード・スケール

A

A♭のツー・ファイブ

B♭M7　B♭リディアン

B♭m7　B♭ドリアン

E♭7　E♭ミクソリディアン

G♭のツー・ファイブ

FM7　Fイオニアン

A♭m7　A♭ドリアン

D♭7　D♭ミクソリディアン

B **1.**

Gm7　Gドリアン

C7　Cミクソリディアン

Em7(♭5)　Eフリジアン

A7　Aミクソリディアン ♭9・♭13

Dm7　Dエオリアン

G7　Gミクソリディアン

Gm7　Gドリアン

Cm7　Fミクソリディアン

F7

C **2.**

Gm7　Gドリアン

C7　Cミクソリディアン

Em7(♭5)　Eフリジアン

A7　Aミクソリディアン ♭9・♭13

Dm7　Dエオリアン

G7　Gミクソリディアン

Gm7　Cミクソリディアン

C7

F6　Fイオニアン

Cm7　Fミクソリデイアン

F7

※Cm7・F7は、F7のコード・スケール、Gm7・C7は、C7のコード・スケールのみを表記しています。

◆A♭メジャー・スケール

B♭ドリアン

E♭ミクソリディアン

◆G♭メジャー・スケール

A♭ドリアン

D♭ミクソリデイアン

4 アドリブ例

第6章 ジャズ・スタンダードでアドリブしよう

次ページへ→

巻末資料 音楽理論

アドリブを楽しめるようになると、仕組みを理解し、より的確な音でアドリブをとりたい気持ちになってくると思います。そのために必要な理論を復習も兼ねて整理してみましょう。

♪ 半音と全音

ジャズのアドリブで必要なスケールやコードを正しく理解するためには、それらのベースとなる「半音」と「全音」の理解が欠かせません。

半音とは1オクターブ内にある12音のうち「**隣り合った音同士の距離**」、そして、全音は「**半音2つ分離れた音同士の距離**」を表します。「**全音＝半音＋半音**」と覚えるのが良いでしょう。

半音と全音の関係を譜面と鍵盤の両方で確認してみましょう。

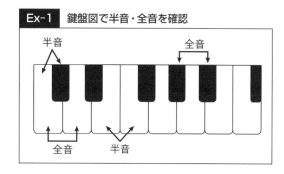

Ex-1　鍵盤図で半音・全音を確認

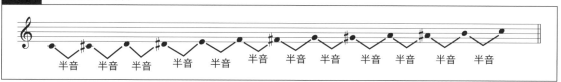

Ex-2　半音を譜面で確認

Ex-3　全音を譜面で確認

♪ メジャー・スケールの構造

メジャー・スケールは全音と半音、どのような組み合わせでできているのでしょうか。Cメジャー・スケール（ド・レ・ミ・ファ・ソ・ラ・シ・ド）で解析してみましょう。

譜例をご覧ください。最初の音（この場合はC）を「**トニック**」と呼びます。

ド・レ・ミ・ファ・ソ・ラ・シ・ド、それぞれの音の距離を半音と全音で分類すると、トニックであるCの音から「全音・全音・半音・全音・全音・全音・半音」の組み合わせでメジャー・スケールができていることが分かります。メジャー・スケールは、「**全・全・半・全・全・全・半**」と覚えましょう。

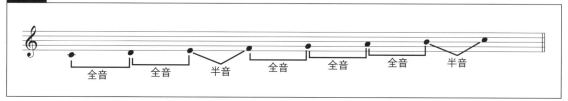

Ex-4　Cメジャー・スケール

このルールに従って、12音それぞれのトニックからメジャー・スケールを作るとフラット系、シャープ系、それぞれ以下のようなメジャー・スケールを作ることができます。どのメジャー・スケールも必ず「全・全・半・全・全・全・半」の作りになっていることを確認してください。

G♭メジャー・スケールとF♯メジャー・スケール、C♭メジャー・スケールとBメジャー・スケールは同じ音ですが、フラット系で考えるか、シャープ系で考えるかにより表記が異なりますので、どちらも載せてあります。

Ex-5 各キーのメジャー・スケール

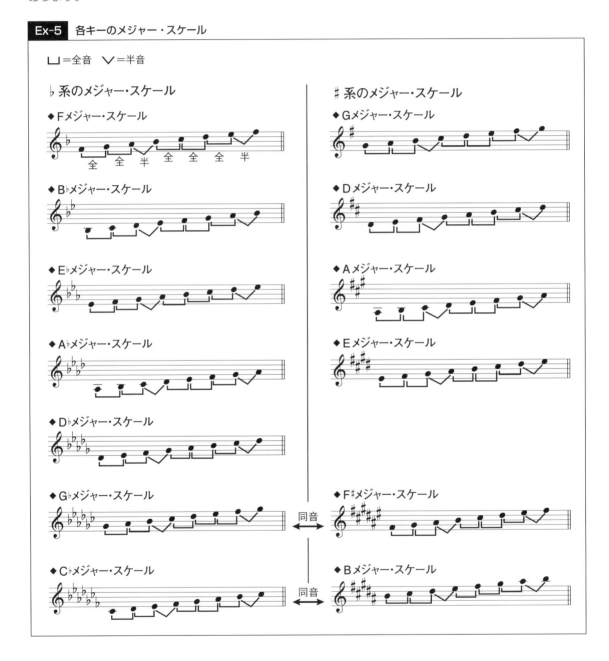

♪ マイナー・スケールの構造

マイナー・スケールはいくつかありますが、「ナチュラル・マイナー・スケール」と呼ばれるスケールは、メジャー・スケールを**6番目**から始めたもので、**エオリアン・スケールと同じ**です。初めのうちは平行調の関係にあるメジャー・スケールと関連づけながら慣れていくといいでしょう。

Ex-6 Cナチュラル・マイナー・スケール（エオリアン・スケール）

Cメジャー・スケール（ド・レ・ミ・ファ・ソ・ラ・シ）と比べると半音低い（【Ex-8】参照）。

ナチュラル・マイナー・スケールも、メジャー・キーと同様に「全・半・全・全・半・全・全」と全音と半音の順番で覚える方法もありますが、それよりも「**メジャー・キーに対して、3度・6度・7度を半音下げたもの**」という覚え方をするようにしてください。

☀メロディック・マイナー・スケール

5章で追加したメロディック・マイナー・スケールは、以下のような半音と全音の積み重ねになっています。このスケールも、全音と半音の積み重ねの順番で覚えるのではなく「**メジャー・スケールに対して3度を半音下げたスケール**」と覚えるようにしましょう。

Ex-7 Cメロディック・マイナー・スケール

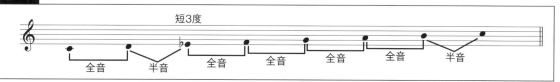

♪ 音程（インターバル）

音と音の距離を「**音程（インターバル）**」と言い、度数で表現します。例として基準となる音をCとし、そこからの音程を示すと**【Ex-8】**のようになります。

メジャー・スケール上の音程は、必ず完全○度、もしくは長○度という名称になっていることを確認してください。また、ジャズでは英語で表現することが多いため、英語での一般的な呼び方と表記（M2、M3等）も記載しておきます。

Ex-8 メジャー・スケールの上の音程（1オクターブ）

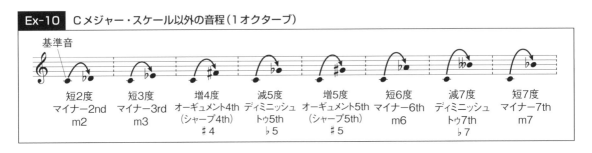

Ex-9 Cメジャー・スケールの音程（１オクターブより上のメジャー・スケール／テンション）

基準音

長9度	長10度	完全11度	完全12度	長13度
メジャー9th	メジャー10th	パーフェクト11th	パーフェクト12th	メジャー13th
M9	M10	P11	P12	M13

さきほどのメジャー・スケール上の音程に対して、フラットやシャープがつくことで、短○度、減○度、増○度という名称に変わります。ここでは、ジャズで主に使われるものをピックアップしました。

Ex-10 Cメジャー・スケール以外の音程（１オクターブ）

基準音

短2度	短3度	増4度	減5度	増5度	短6度	減7度	短7度
マイナー2nd	マイナー3rd	オーギュメント4th	ディミニッシュトゥ5th	オーギュメント5th	マイナー6th	ディミニッシュトゥ7th	マイナー7th
		（シャープ4th）		（シャープ5th）			
m2	m3	♯4	♭5	♯5	m6	♭7	m7

Ex-11 Cメジャー・スケール以外の音程（１オクターブより上／テンション）

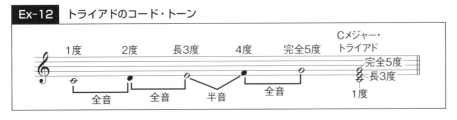

基準音

短9度	増9度	増11度	短13度
フラット9th	シャープ9th	シャープ11th	フラット13th
♭9	♯9	♯11	♭13

マイナー・スケールの作り方と同様、ここでもメジャー・スケールを基準として考えるようにしましょう。

♪ コードの仕組み

音程が理解できたところで、コード・ネームから具体的なコード・トーンを見つける方法を解説していきます。

☀ メジャー・トライアド（アルファベットのみのコード）

メジャー・スケール上の１度・３度・５度を集めた和音をメジャー・トライアドといいます。ルートCでは以下のようになります。

Ex-12 トライアドのコード・トーン

1度	2度	長3度	4度	完全5度	Cメジャー・トライアド
	全音	全音	半音	全音	完全5度／長3度／1度

その他のメジャー・トライアドも、それぞれの１度・長３度・完全５度を集めることにより作ることができます（各キーのメジャー・スケールはP.114参照）。

☀マイナー・トライアド（○m）

マイナー・スケール上の1度・3度・5度を集めた和音をマイナー・トライアドと言います。ルートCでは、以下のようになります。マイナー・キーはメジャー・キーの6番目から並び替えたスケールですので、わからない場合はP.114のメジャー・スケールを確認してみてください。

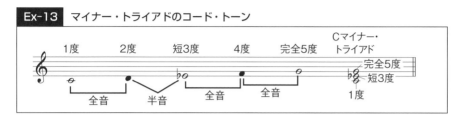

Ex-13　マイナー・トライアドのコード・トーン

ここでもメジャー・トライアドを起点に考えれば、マイナー・トライアドはメジャー・トライアドの3度を半音下げたもの（長3度→短3度）という作り方ができます。

メジャー・スケールが分かれば、メジャー・トライアドもマイナー・トライアドも簡単に作れることがわかっていただけたと思います。

☀トライアド＋7th（6th）

4声のコード表記は、上述のトライアドに四つ目の音である7th（もしくは6th）をつけ足したものになります。以下、その四つ目の音を示すために使われる「6」「7」「M7」が表す具体的な音程を確認しましょう。

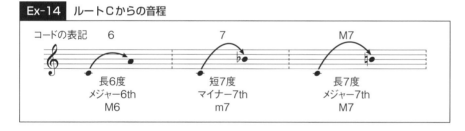

Ex-14　ルートCからの音程

コード・ネームは「トライアド＋7th（もしくは6th）」で表記されています。実際に確認してみましょう。表記上のルールは、以下のようになります。

- メジャー・トライアドにメジャーはつけない（Cメジャー・トライドであればCとだけ表記する）。
  逆に、マイナー・トライアドには必ずmをつける（Cマイナー・トライアドであればCmと表記する）。
- マイナー7thにマイナーはつけない（マイナー7thであれば7とだけ表記する）。
  逆に、メジャー7thは必ずMをつける（メジャー7thであればM7と表記する）。
- メジャー6thにメジャーは付けない。

上記ルールを確認しながらコード・ネームを「トライアド＋7th（もしくは6th）」が分かるように区切り線を入れたものを確認してみましょう。

- C_6 → C / 6（長6度）　　　C_7 → C / 7（短7度）　　　C_{M7} → C / M7（長7度）
- Cm_6 → Cm / 6（長6度）　　Cm_7 → Cm / 7（短7度）　　CmM_7 → m / M7（長7度）

慣れるまでは、コードを以下のように区切ってしまう間違いが多いので気をつけてください。

- C_{M7}を C_M / 7　　　　　・Cm_7を C / m7

あとはトライアドの部分と7thの部分をそれぞれ考えて、合体させるだけです。

Ex-15 ルートCからの音程

※長6度は「M6」ではなく、「6」と表記します。

☀その他の主なコード

m7(♭5)と表記される「マイナー・セブン・フラットファイブ」は、表記が意味する通りマイナー・セブンスに♭5をつけたものなので、マイナー・セブンス・コードの5度をフラット（半音下げる）させたコードになります。

Ex-16 マイナー・セブン・フラットファイブ

dim7と表記される「ディミニッシュ・セブン」の最も簡単な見つけ方は、「**短3度を積み重ねること**」です。短3度は「**全音＋半音**」で考えましょう。

Ex-17 ディミニッシュ・セブンス・コード

♪ Cを基準にしたダイアトニック・コード・スケール

5章の終わりに確認したメジャー・ダイアトニックの全てのコード・スケール（イオニアン、ドリアン等）でCを基準に変換すると、以下のようになります。

Ex-18 Cを基準にしたコード・スケール

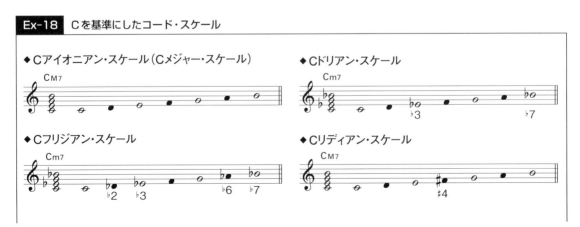

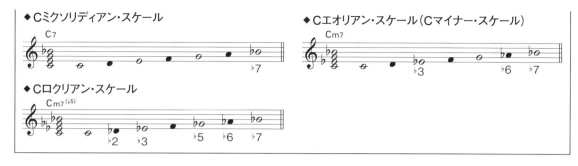

◆Cミクソリディアン・スケール

◆Cエオリアン・スケール（Cマイナー・スケール）

◆Cロクリアン・スケール

　ここから、メジャー・スケールに対してどのような変化を加えればそれぞれのコード・スケールを作ることができるのか、その方法がわかると思います。例えば、以下の三つがあります。

- ドリアン・スケールは、メジャー・スケールに対して、3度と7度をフラットさせたスケール。
- リディアン・スケールは、メジャー・スケールに対して、4度をシャープさせたスケール。
- ミクソリディアン・スケールは、メジャー・スケールに対して、7度をフラットさせたスケール。

　ここでも、メジャー・スケールを起点として、それぞれのダイアトニック・コード・スケールを見つけられるようになりましょう。

♪ 各キーのオルタード・スケール

　ドミナント・モーションするドミナント7thコードでよく使われるオルタード・スケールを一覧にしました。全てを覚えるのは大変ですが、まずは一つ、また一つと着実に使えるようにしていきましょう。

Ex-19　オルタード・スケール

◆著者プロフィール

杉山貴彦（すぎやまたかひこ）

　バークリー音楽大学パフォーマンス科卒。在米中はイエロージャケッツのラッセル・フェランテ、ジョアン・ブラキーン等に師事。

　現在はジャズピアニスト、講師としての活動の他、作曲家としてプロダクトブランド「PLOTTER（プロッター）」にピアノ作品を提供するなど幅広く活動している。

【ホームページ（アドレス）】https://takahikosugiyama.com
【ホームページ（QRコード）】

メジャー・スケールから始めるやさしいジャズ・アドリブの弾き方 ＿＿＿＿＿ 定価（本体 1500 円＋税）

編著者	杉山貴彦（すぎやまたかひこ）
編集者	大塚信行
表紙デザイン	オングラフィクス
発行日	2024 年 7 月 30 日
編集人	真崎利夫
発行人	竹村欣治
発売元	株式会社自由現代社
	〒 171-0033　東京都豊島区高田 3-10-10-5F
	TEL03-5291-6221/FAX03-5291-2886
	振替口座　00110-5-45925
ホームページ	http://www.j-gendai.co.jp

●本書で使用した楽曲は、内容・主旨に合わせたアレンジによって、原曲と異なる又は省略されている箇所がある場合がございます。予めご了承ください。
●無断転載、複製は固くお断りします。●万一、乱丁・落丁の際はお取り替え致します。